HALLBERG · DIE ISLÄNDISCHE SAGA

Peter Hallberg

Die isländische Saga

VERLAG DR. MAX GEHLEN
BAD HOMBURG V. D. H. · BERLIN · ZÜRICH

Titel der schwedischen Originalausgabe:

Den isländska sagan

Verlegt bei Svenska Bokförlaget, Bonniers, Stockholm
Übersetzung aus dem Schwedischen von
Hans-Georg Richert, Frankfurt (Main)
Der Ausgabe lagen die erste schwedische Auflage samt Korrekturnoten des Autors zur zweiten Auflage zugrunde.

Gesamtherstellung: Dr. Alexander Krebs, Bad Homburg v. d. H.
und Weinheim (Bergstr.)

Inhalt

Zur Aussprachebezeichnung wird auf die Anmerkungen, Seite 177, verwiesen.

Einleitung

Die isländischen Familiensagas — *Íslendingasögur* — haben als literarische Gattung ein ausgeprägt eigenes Gesicht. Ohne Übertreibung darf man sie als einzigen geschlossenen, selbständigen Beitrag des Nordens zur Weltliteratur bezeichnen.

In ihrer gesamten Stoffwahl, ihrer Menschendarstellung und ihrem Stil sind diese Sagas eine spezifisch isländische Schöpfung. Sie schildern die Auswanderung nach Island, die Besitznahme des neuen Landes, erzählen von Wikingerfahrten, Geschlechtsfehden und erbitterten Rechtsstreitigkeiten, in denen es nicht zuletzt um Eigentum und persönliche Geltung ging. Die Geschehnisse, die hier dargestellt werden, spielen sich zum größten Teil in den hundert Jahren nach der Einrichtung des Alltings (930) ab, in einem Zeitraum also, den man gewöhnlich als Sagazeit bezeichnet. Geschrieben aber sind die Sagas wesentlich später; wenigstens kommt im Bereich der zentralen und klassischen Stücke dafür praktisch nur das dreizehnte Jahrhundert in Betracht. Die Gewährsmänner dieser berühmten Werke sind anonym geblieben, wenn man auch versucht hat, die eine und andere Saga einem bestimmten Verfasser zuzuweisen.

Nicht nur im übrigen Norden, sondern auch im ganzen zeitgenössischen Europa stehen die isländischen Familiensagas ohne jedes Gegenstück da. Damit soll nicht gesagt sein, daß sie in einer Atmosphäre nationaler Isolierung entstanden seien. Vielmehr sind ihre Verfasser allem Anschein nach mit der Kultur des übrigen Europas ihrer Zeit sehr wohl vertraut gewesen. Die Forschung hat in den Sagas auch verschiedene Anzeichen für ihre Belesenheit nachweisen können. Dabei handelt es sich jedoch um Randerscheinungen. In allem wesentlichen stehen die isländischen Sagas als eine bewundernswerte selbständige literarische Leistung da. Auffällig ist die Schwierigkeit, entscheidende literarhistorische Anknüpfungspunkte auszumachen.

Auf dem Kontinent ist das dreizehnte Jahrhundert die Zeit der Hochscholastik mit großen Systembaumeistern wie Albertus Magnus und Thomas von Aquin. Auch die bedeutendere schöne Literatur wurde in hohem Grade durch den Katholizismus und ein christliches Menschenbild geprägt. Die Allegorie wurde eifrig gepflegt; Dantes *Divina Commedia*, der gewaltige Höhepunkt mittelalterlicher Dichtung, ist eine kunstvoll ausgeführte christliche Allegorie. Zu einer Literatur dieser Art stehen die isländischen Sagas in scharfem Gegensatz. In der Regel behandeln sie ihren Stoff in einer ungemein sachlichen und realistischen Weise, fern von jeglicher geistigen Überhöhung und metaphysischer Grübelei. Die Lebensanschauung, die in Worten und Taten der Menschen zum Ausdruck kommt, ist altnordischen, heidnischen Ursprungs; Spuren christlicher Ethik bleiben, wenn sie sich überhaupt bemerkbar machen, an der Oberfläche. Äußerlich jedenfalls ist die Darstellung beinahe völlig frei von moralischen Wertungen. Die Saga bewahrt strenge epische Objektivität; das Ich des Erzählers ist gänzlich ausgeschaltet. Dieser Haltung entspricht auch der ungeschminkte und herbe Stil.

Das Wort *saga* hat im Isländischen nicht die Bedeutung, die wir mit dem Begriff der Sage verbinden, sondern steht für „Erzählung" überhaupt, und zwar häufig für eine solche rein historischen Inhalts; *saga Íslands* heißt „Islands Geschichte". Es ist darum auch ein lebhaft erörtertes Problem gewesen, ob die isländischen Geschlechtssagas in erster Linie als zuverlässige Familienchronik und als Geschichte oder aber als Dichtung zu betrachten seien. Im Zusammenhang damit steht die Frage, welche Rolle die mündliche Überlieferung bei ihrer Entstehung gespielt hat. Einerseits betrachtet man die Sagas im wesentlichen als historisch: sie sind im engen Anschluß an die dargestellten Ereignisse ausgebildet, sind von Generation zu Generation von Erzählern überliefert worden, bis sie schließlich, zumeist irgendwann im dreizehnten Jahrhundert, auf Pergament festgehalten wurden. Bei einer solchen Betrachtung der Sagas kann schwerlich von ihren Verfassern die Rede sein, sondern vielmehr ausschließlich von der schriftlichen Aufzeichnung einer festen mündlichen Überlieferung. Anderseits sind sie von bestimmten Forschern vor allem als Dichtungen angesehen worden. Daraus folgt natürlich, daß man dem Aufzeichner eine entscheidende Rolle als wirklichem Verfasser beimißt. Diese Fragen, die sich in ähnlicher Weise bei der Beschäftigung mit wesentlich älterer Epik ergeben, sollen in einem späteren Kapitel behandelt werden.

Die isländischen Familiensagas sind nicht nur als unvergleichliche Erzählkunst zu ihrer Berühmtheit gelangt. Zu verschiedenen Zeiten ist ihnen auch als vermeintlicher Geschichte rege Aufmerksamkeit zuteil geworden. Nicht zuletzt haben sie als kulturhistorische Quelle starke Beachtung gefunden. Mit der bunten Fülle der Sagagestalten haben anonyme isländische Meister das Leben ihrer Ahnen in all seinen Schattierungen wiedererstehen lassen, angefangen bei den kleinen Sorgen des täglichen Lebens bis hin zu den großen und schicksalsschweren Konflikten.

Eine Literatur dieser Art regt in besonderer Weise zu einer verhältnismäßig breiten Darstellung ihres geschichtlichen und kulturellen Hintergrundes an. Unter anderem scheint es angebracht, sich gleich zu Beginn einen Einblick in bestimmte, für das alte Island charakteristische Verwaltungs- und Rechtsverhältnisse zu verschaffen, die in den Sagas durchweg eine bedeutende Rolle spielen.

Von der Landnahme bis zur Sturlungazeit

Die Isländer befinden sich in der ungewöhnlichen Lage, ein Dokument zu besitzen, das die eigentliche Entstehung ihres Volkes schriftlich festhält. Die bedeutende Urkunde der *Landnámabók* (Buch von der Landnahme), die schon im zwölften Jahrhundert zusammengestellt worden sein dürfte, nennt im Zusammenhang mit der Besiedlung Islands mehr als 3 000 Menschen und 1 400 Ortschaften.

Die eigentliche Zeit der Landnahme wird gewöhnlich mit 880 bis 900 angegeben; um die Jahrhundertwende waren die Küsten des Landes im großen und ganzen in Besitz genommen. Als treibende Kraft, die hinter dieser Einwanderung stand, nennen die isländischen Quellen die Politik Harald Schönhaars. Der Überlieferung nach soll er die Macht der Gaukönige vernichtet und darüber hinaus den Bauern ihr Recht auf Grundbesitz *(„óðal")* genommen haben. Zahlreiche hervorragende Männer zogen es vor, Norwegen zu verlassen, statt sich dieser Neuordnung zu unterwerfen. Zu einem großen Teil suchten sie auf Island Zuflucht, manche allerdings erst, nachdem sie sich eine Zeitlang auf den Shetlands, den Orkneys oder den Hebriden aufgehalten hatten und auf Wikingerfahrten ausgezogen waren. Die Gebiete, die die führenden Siedler in dem neuen Land jeweils für sich mit Beschlag belegten, waren keine kleinen Grundstücke; sie hatten etwa die Größe unserer Sprengel und Kreise. Innerhalb dieser Gebiete verteilten sie später den Boden unter ihre Angehörigen und Schützlinge.

Die Landnahmemänner kamen in ein so gut wie unberührtes Land. Die Menschen, die früher dort Fuß gefaßt hatten, waren in sehr geringer Zahl und aus völlig anderen Beweggründen heraus gekommen als die nordischen Auswanderer. Das Vorwort zur *Landnámabók* berichtet unter anderem:

Ehe aber Island von Norwegen aus besiedelt wurde, gab es dort Männer, die die Nordleute „papar" nennen. Sie waren Christen, und man meint, daß sie von der Westseite des Meers gewesen seien, denn man fand nach ihrem Weggang irische Bücher, Glocken und Stäbe und andere Dinge, aus welchen man schließen konnte, daß sie Westleute waren.

Die Erinnerung an die *„papar"* findet sich übrigens noch in isländischen Ortsnamen erhalten: *Papey, Papós* u.a.m. Offensichtlich handelte es sich um irische Mönche oder Einsiedler, die beschlossen hatten, sich aus der Welt zurückzuziehen, und die Insel im Nordatlantik für diesen Zweck geeignet fanden. Sie räumten jedoch das Feld vor den kriegerischen und heidnischen Nordmännern.

Aber auch unter den nordischen Neusiedlern auf Island gab es einen nicht unbeträchtlichen Anteil von Kelten aus England, Schottland, Irland und von den Hebriden. Wahrscheinlich handelte es sich dabei zumeist um Kriegsgefangene und leibeigene Knechte, die die nordischen Einwanderer von ihren Heerzügen mitbrachten.

Dieses keltische Element hat in der Diskussion über die isländische Dicht- und Erzählkunst eine gewisse Rolle gespielt. Man hat gemeint, daß das künstlerische Naturell der Isländer möglicherweise in diesem keltischen Erbe begründet sei, — eine Vermutung, die sich kaum zu diskutieren lohnt.

Im neuen Lande ergab sich selbstverständlich bald die Notwendigkeit einer planvollen Regelung und eines Forums für gemeinsame Angelegenheiten. So entstand im Jahre 930 das isländische Allting *(alþingi)*, das seinen Versammlungsplatz auf Þingvellir hatte, am größten Binnensee des Landes, Þingvallavatn. Es ist dies eine Gegend in einer sehr charakteristischen und gewaltigen Landschaft, mit einem großartigen Blick auf die Gebirge ringsum. Das Allting trat jährlich im Juni zusammen. Die gesetzgebende Gewalt lag bei der *lögrétta*, die aus sechsunddreißig, später aus achtundvierzig Goden bestand, d. h. Vorstehern eines heidnischen Gotteshauses oder Tempels. An der Spitze der *lögrétta* stand ein Gesetzessprecher *(lögsögumaðr)*. Er wurde auf drei Jahre gewählt, mußte das Gesetz auswendig kennen und es in seiner vollen Länge im Laufe der drei Jahre auf dem Allting vortragen; das Gesetz war zu jener Zeit noch nicht aufgezeichnet. Die gesamte Reihe der Gesetzessprecher bis 1272 ist bekannt; das ist bezeichnend dafür, wie beneidenswert reich die Quellen zur älteren Geschichte Islands sind.

Es wurde auch ein Gericht mit sechsunddreißig Mitgliedern geschaffen. Dieses teilte man später in vier selbständige Gerichte auf, eins für jedes Viertel des Landes *(landsfjórðungr)*. Um ein Urteil dieser Gerichte rechtskräftig werden zu lassen, bedurfte es der Einstimmigkeit, eine Regelung, die natürlich dazu führte, daß viele Fälle niemals abgeurteilt werden konnten. Kurz nach dem Jahre 1000 wurde deshalb ein fünftes Gericht geschaffen, das Fünftgericht *(fimtardómr)*, das achtundvierzig Mitglieder hatte; von diesen durften indessen nicht mehr als sechsunddreißig entscheiden. An das Fünftgericht, in dem die Mehrheit den Ausschlag gab, konnte man sich wenden, wenn die anderen Gerichte keine Einigkeit erzielt hatten.

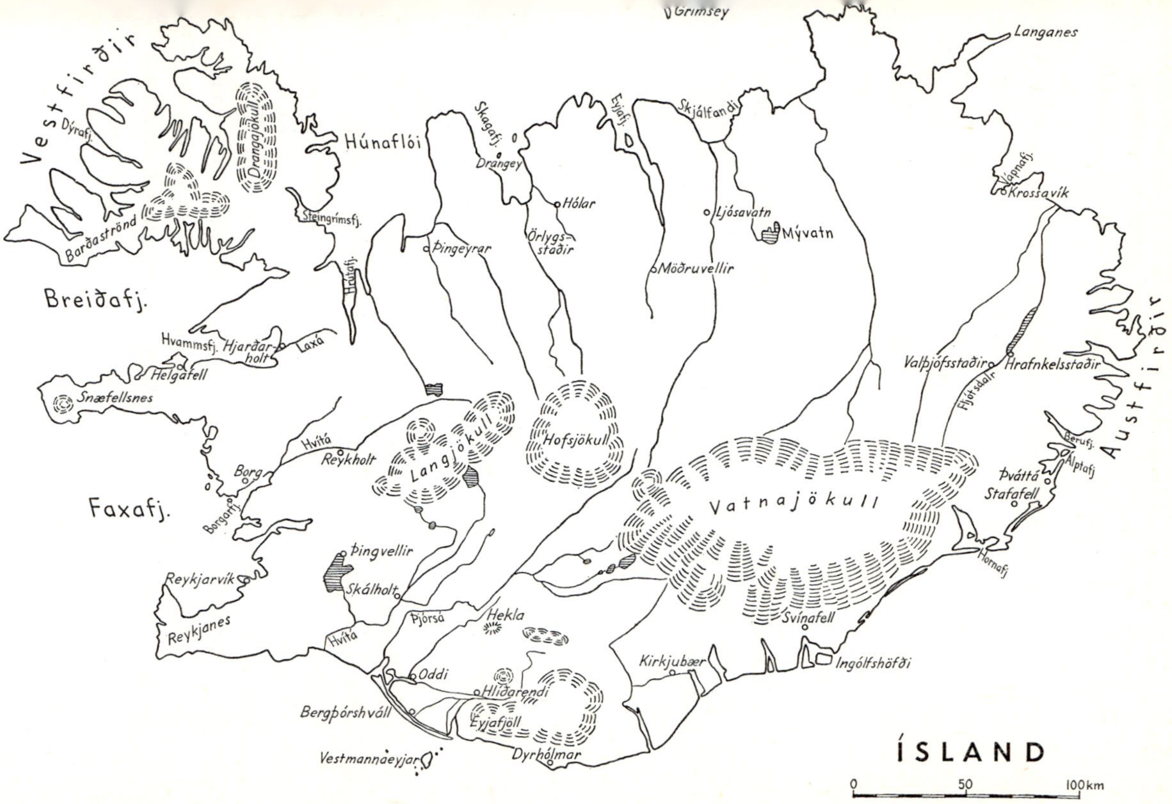

ÍSLAND
0
50
100km
Grímsey
Langanes
Vestfirðir
Dýrafj.
Drangajökull
Barðaströnd
Húnaflói
Steingrímsfj.
Hrútafj.
Breiðafj.
Hvammsfj.
Hjarðarholt
Laxá
Helgafell
Snæfellsnes
Faxafj.
Borg
Borgarfj.
Hvítá
Reykholt
Reykjarvík
Reykjanes
Skagafj.
Drangey
Þingeyrar
Hólar
Örlygsstaðir
Eyjafj.
Skjálfandi
Ljósavatn
Mývatn
Möðruvellir
Vopnafj.
Krossavík
Langjökull
Hofsjökull
Þingvellir
Skálholt
Þjórsá
Hekla
Oddi
Hlíðarendi
Bergþórshváll
Eyjafjöll
Vestmannaeyjar
Dyrhólmar
Kirkjubær
Vatnajökull
Svínafell
Ingólfshöfði
Valþjófsstaðir
Hrafnkelsstaðir
Fljótsdalr
Austfirðir
Berufj.
Álptafj.
Þváttá
Stafafell
Hornafj.

Mit dem Allting besaß man also eine gesetzgebende und rechtsprechende, nicht aber eine administrative und exekutive Instanz. Das ist eine eigenartige Erscheinung, die auch in der Schilderung von Rechtsstreitigkeiten und Racheakten der Sagas ihren Niederschlag findet. Wenn es einem Kläger gelang, eine Verurteilung seines Prozeßgegners zu erwirken, so war es seine eigene Sache, das Urteil zu vollziehen. Das führte natürlich dazu, daß in Wirklichkeit Gewalt und Stärke den Ausschlag gaben. Nicht selten waren schon die Gerichtsurteile als solche von Gewalt und Haß diktiert. Die Rolle, die Stärke und Macht in Rechtsstreitigkeiten spielten, steht in sonderbar grellem Gegensatz zu dem Formalismus und der Spitzfindigkeit, die man sonst bei juristischen Verhandlungen an den Tag legte.

Das Fehlen einer zentralen administrativen und exekutiven Instanz sollte sich als schicksalsschwer für den Fortbestand Islands als selbständiges Staatswesen erweisen. Es untergrub die Widerstandskraft gegenüber innerer Zersplitterung und äußerem Druck.

Jeder neunte Bauer war verpflichtet, mit seinem Goden zum Allting zu ziehen, wenn dieser es verlangte. Diejenigen, die zu Hause blieben, mußten die Unkosten der zum Ting Reisenden tragen. Auf dem Allting trafen die ersten Männer aus allen Teilen des Landes zusammen, und Þingvellir wurde zu einem wichtigen Knotenpunkt im Kulturleben des Volkes. Es entwickelte sich da eine intensive Tätigkeit, und das nicht nur bei den Verhandlungen. Dazwischen nämlich wetteiferte die Jugend in Ballspielen, im Ringen und Schwimmen. Man veranstaltete Biergelage für Freunde und Bekannte. Skalden und Erzähler trugen zur Unterhaltung bei. Allem Anschein nach hat das Allting eine wichtige Rolle bei der Verbreitung von Neuigkeiten gespielt, vielleicht auch in bestimmtem Ausmaß für die Kunst, Neuigkeiten vorzutragen. Es gibt verschiedene Beispiele dafür, daß Isländer, die gerade aus dem Ausland zurückgekehrt waren, die „Saga" ihrer Reise auf dem Allting zum besten gaben.

Die Goden bildeten, wie schon erwähnt, den Kern aller Institutionen des Alltings. Ihre Bezeichnung war von dem Wort *goð* „(heidnischer) Gott" abgeleitet, wie sie ja denn auch den Göttertempeln vorstanden. Aber mit diesem religiösen Amt vereinigten sie ein weltliches. Sowohl ihre Würde wie ihr Machtbereich wurde mit dem Ausdruck *goðorð* (Godentum) gekennzeichnet. Tatsächlich stellte das „Godord" die einzige administrative Einheit auf Island dar. Der Gode war das Oberhaupt seines Gebiets, und diejenigen, die ihm unterstellt waren, wurden seine Tingmänner genannt. Das Verhältnis zwischen dem Goden und den Tingmännern war jedoch ziemlich frei. Die Tingmänner gelobten dem Goden Gefolgschaft und Beistand; er seinerseits versicherte sie seines Schutzes. Wenn sie nicht gut miteinander auskamen, konnten sie auf gesetzliche Weise ihr Verhältnis lösen. Der Tingbauer konnte bei einem andern Oberhaupt Schutz suchen, sich bei einem andern Goden „ins Ting sagen", und jeder Gode konnte in sein „Ting" die Männer aufnehmen, die er haben wollte. Das Godord war somit eigentlich nicht an streng festgelegte Bezirke gebunden; es darf eher als ein Zusammenschluß von Tingmännern bezeichnet werden. Dieser konnte sich natürlich, je nach dem Unternehmungsgeist oder der Beliebtheit seines Goden, vergrößern oder vermindern. Der Gode mit den meisten Tingmännern wurde als der mächtigste angesehen und übte den stärksten Einfluß aus; er vermochte, wenn es notwendig war, die größte

Macht aufzubieten. Die Godentümer waren erblich, konnten jedoch auch verkauft werden.

Vor dem Allting im Juni hielten die Goden zu Hause in ihrem Godord sogenannte Frühjahrstings ab. Sie taten sich dabei jeweils zu dreien zu einem gemeinsamen Ting zusammen.

Von besonderem Interesse ist es, das Vordringen des Christentums und den Bruch mit dem Heidentum zu verfolgen. In diesem Punkte müßte man die Möglichkeit haben, etwas vom Geist der Zeit selbst zu packen, von der Auffassung des Menschen über seine Stellung in der Welt und das Verhältnis seinen Mitmenschen gegenüber.

Bevor das Christentum auf Island im Jahre 1000 durch einen Beschluß des Alltings offiziell angenommen wurde, kann man im Bereich des Glaubens und des Kultes von einem Übergangszustand sprechen. Einige Landnahmemänner waren Christen; das gilt vor allem für jene, die über die britischen Inseln nach Island gekommen waren. Jedoch scheint ihr Bekenntniseifer nicht von sehr festen Grundsätzen bestimmt gewesen zu sein. Über den Siedler Helgi den Hageren, der dem Namen nach ein Christ war, heißt es in der *Landnámabók,* er habe „einen sehr gemischten Glauben gehabt. Er glaubte an Christus, rief aber vor seinen Seefahrten und vor schweren Unternehmungen Thor an.“ Auf der andern Seite verblaßte der Asenglaube, und es mehrten sich diejenigen, die einfach *„á mátt sinn ok megin“* glaubten, wie die Wendung lautete, „an ihre eigene Kraft und ihr Können“. Der Umgang mit Christen auf Auslandsreisen legte es heidnischen Isländern mitunter nahe, sich „primsegnen“ zu lassen. Diese Zeremonie stellte eine Art vereinfachter Taufe dar: man schlug über den Heiden das Kreuz, um böse Geister von ihnen zu vertreiben.

So berichtet die *Egils saga Skalla-Grímssonar*, Egill und sein Bruder Þórólfr seien während ihres Aufenthalts bei dem frommen König Aðalsteinn (Ethelstan) in England von diesem aufgefordert worden, sich primsegnen zu lassen; „das war damals allgemeine Sitte sowohl bei Kauffahrern wie bei denen, die bei christlichen Häuptlingen im Sold standen". Diejenigen, die sich einer solchen Primsegnung unterzogen hatten, „konnten frei mit Christen und Heiden verkehren, hatten aber den Glauben, der ihnen innerlich am nächsten lag".

Sehr aufschlußreich für den Bruch zwischen Heidentum und Christentum ist die Darstellung des Verhältnisses zwischen Olaf Tryggvason und dem isländischen Skalden Hallfreðr in der Saga, die den Namen des Skalden trägt. König Olaf, der eifrig für den christlichen Glauben eintritt, bittet den soeben angelangten Heiden Hallfreðr, „heidnisches Wesen und üblen Glauben abzulegen, nicht länger dem Teufel zu dienen", sondern „an den wahren Gott, den Schöpfer Himmels und der Erde, zu glauben". Hallfreðr empfängt die Taufe, bei welcher der König selbst als Pate fungiert, und wird in „heiliger Lehre" unterrichtet. Aber seine spätere Gelegenheitsdichtung, die er dem König vorträgt, zeigt, wie schwer es ihm fiel, ganz mit dem „heidnischen Wesen" zu brechen. In einer Strophe heißt es: „Alle haben so gedichtet, daß sie Odins Gunst gewännen. Ich gedenke der ruhmvollen Taten unserer Ahnen. Und widerstrebend — denn Odins Herrschaft gefiel mir — wende ich meinen Haß gegen ihn, wenn ich auch Christus diene." Man begreift Hallfreðs Schwierigkeit. Die alte Skaldendichtung wurzelte formal und inhaltlich tief im Asenglauben und in heidnischer Lebensanschauung. Diesen Voraussetzungen völlig zu entsagen, hätte für den Skalden bedeutet, die Quellen seiner eigenen Kunst versiegen zu lassen.

Die christliche Mission auf Island wird in einer selbständigen *Kristni saga* beschrieben, die in ihrer jetzigen Form im dreizehnten Jahrhundert aufgezeichnet wurde. Olaf Tryggvason betrieb sie zielbewußt, und wahrscheinlich hatte er dabei nicht ausschließlich religiöse Beweggründe. Die norwegischen Könige hatten früh ihre Fühler nach Island ausgestreckt; das führte denn auch ganz allmählich dazu, daß Island unter die norwegische Krone kam.

Es war ein sonderbarer Glaubenszeuge, den Olaf Tryggvason dazu ausersah, Island zu bekehren. Er hieß Þangbrandr und war deutscher Abstammung. Er hatte wegen Totschlags fliehen müssen, war zu König Olaf gekommen, zum Priester geweiht worden und war eine Zeitlang Olafs Hofgeistlicher. Þangbrandr hatte Erfolg bei seiner Mission, machte sich aber natürlich auch Feinde auf Island. Unter anderm verfaßten einige Männer Schmähgedichte auf ihn, und seine Antwort bestand darin, daß er sie totschlug. Auf gleiche Weise machte er einen Berserker unschädlich, der ihn zum Holmgang herausgefordert hatte. Diese letzte Tat hatte eine unmittelbare Auswirkung: einige Isländer ließen sich primsegnen.

Þangbrandr kehrte nach Norwegen zurück und berichtete, man sei ihm auf Island feindlich gesonnen und es gebe wenig Hoffnung, daß man das Christentum dort annehmen werde. König Olaf geriet bei dieser Nachricht so in Wut, daß er zahlreiche Isländer, die sich zufällig in Norwegen befanden, ergreifen und in Fesseln schlagen ließ; und er drohte, er werde einige töten und andere verstümmeln lassen. Zwei christliche Isländer, Gizurr der Weiße und Hjalti Skeggjason, vermittelten beim König und gelobten ihm, seine Sache auf Island zu vertreten. Olaf aber behielt etliche Söhne bekannter Isländer als Geiseln, bis er den Ausgang dieser Angelegenheit erfuhr.

Die *Kristni saga* schildert in dramatischer Weise die eigentliche Entscheidung auf dem Allting im Jahre 1000. Der beunruhigende Zwiespalt zwischen Heiden und Christen gelangte zu einer Lösung, die weniger von religiöser Leidenschaft auf einer der beiden Seiten zeugt als von kühler und besonnener Überlegung. Die endgültige Entscheidung legte man in die Hände von Þorgeirr Ljósvetningagode, der ein Heide war, jedoch zu denen gehörte, die sich um einen Ausgleich bemühten. Dieser bereitete sich in intensiver innerer Sammlung in seiner Zeltbude auf die Amtshandlung vor. Am folgenden Tage hielt er vom Gesetzesfelsen aus eine Rede und sagte unter anderm:

Ich halte es für ratsam, nicht die bestimmen zu lassen, die hier das größte Ungestüm an den Tag legen, und wir wollen zwischen den beiden Parteien in einer Weise schlichten, daß jede gewissermaßen ihren Willen bekommt. Aber wir müssen alle éin Gesetz und éinen Glauben haben, denn es wird sich bestätigen: wenn wir das Gesetz zerreißen, so zerreißen wir den Frieden.

Beide Seiten erklärten sich einverstanden, Þorgeirs Lösung zu akzeptieren. Da entschied er,

daß alle Menschen auf Island sich taufen lassen und an einen Gott glauben sollten; was aber die Aussetzung von Kindern und das Essen von Pferdefleisch anbetreffe, so sollte das alte Gesetz gelten. Man sollte heimlich opfern dürfen, wenn man wollte, aber mit der Acht büßen, wenn es entdeckt würde.

Einer Bestimmung wie der, die das Opfern betrifft, ist ja herzlich wenig vom Geist des Christentums eigen. Der

Standpunkt ist konventionell und sozial; man durfte mit seinem heidnischen Kult keinen Anstoß erregen. Die ganze Art und Weise, in der das Christentum eingeführt wurde, scheint dafür zu sprechen, daß man die Religion im wesentlichen als eine Sache der Gemeinschaft ansah und nicht als eine Frage der persönlichen Überzeugung. Auf die indifferente Einstellung zum Glauben fällt ein beinahe komisches Licht, wenn die *Kristni saga* die allgemeine Taufe schildert, die dem Alltingbeschluß folgte. Von den Tingmännern aus dem Nord- und Südland wird gesagt, daß sie auf der Heimreise vom Ting an der warmen Quelle von Reykjalaug im Laugardal getauft wurden, weil sie nicht in das kalte Wasser auf Þingvellir steigen mochten.

Die isländische Kirche unterschied sich in ihrer ältesten Periode sehr stark von der katholischen Kirche auf dem Kontinent, nicht zuletzt in ihrem Verhältnis zur weltlichen Macht. Die Kirche auf Island hatte bei weitem nicht die gleiche unabhängige Stellung als eine Art Staat im Staat, mit gesetzgebender und rechtsprechender Befugnis in ihren eigenen Angelegenheiten. Alle Änderungen im Kirchenrecht, alle neuen Bestimmungen über die Geistlichen mußten in der üblichen Weise der *lögrétta* vorgelegt und von den Goden entschieden werden. Das Frühjahrsting und das Allting übten die richterliche Gewalt in kirchlichen genauso wie in weltlichen Rechtssachen aus, und die Geistlichen wurden — wie alle anderen — nach dem geltenden allgemeinen Recht gerichtet.

Die besondere Situation der isländischen Kirche erklärt sich aus ihrer Entstehung. Sie trat anscheinend ziemlich reibungslos an die Stelle der alten Göttertempel und übernahm einen Teil von deren Traditionen. Hier macht sich abermals das Fehlen einer zentralen administrativen Staatsgewalt bemerkbar. Es waren einzelne Bauern oder

Häuptlinge, die auf ihren Höfen Kirchen bauten. Diese wurden somit privates Eigentum des Bauern, und daran änderte sich auch nichts, wenn er gleichzeitig Priester dieser Kirche war, was mitunter vorkam. Der Priester zog selbst den Zehnten und bestimmte andere Steuern ein und trug dafür für den Gottesdienst und für den Unterhalt der Kirche Sorge.

Das Priesteramt selbst konnte auf drei verschiedene Weisen wahrgenommen werden. Der Bauer, dem eine Kirche gehörte, konnte, wie schon erwähnt, selbst den Dienst übernehmen, wenn er dazu über ausreichende Bildung verfügte. Es gibt zahlreiche Beispiele dafür, daß die Häuptlinge sich zum Priester weihen ließen und gleichzeitig fortfuhren, ihr Godord zu regieren. Manche von ihnen trieben gleichzeitig Seefahrt und Handel oder gingen anderen Beschäftigungen nach, die sich mit dem geistlichen Amt schlecht vereinbaren zu lassen scheinen. Solche Godordspriester traten bei Fehden und Totschlag sowohl für sich selbst wie auch zur Unterstützung von Verwandten und Freunden auf. Andere sahen das Fragwürdige einer solchen Zwiespältigkeit ein und zogen es vor, das Godord Anverwandten zu überlassen, um sich ungeteilt ihrem kirchlichen Amt widmen zu können.

Eine andere Art, für den priesterlichen Dienst zu sorgen, bestand darin, einen besonderen Geistlichen für die Kirche anzustellen, einen sogenannten Soldpriester *(leiguprestr)*, und zwar gegen ein bestimmtes jährliches Entgelt, ein Viertel vom Zehnten. Dieser wurde, genau wie das übrige Gesinde, jeweils auf ein Jahr angestellt, und der Kircheneigentümer mußte ihn mit Wohnraum und Nahrung versehen.

Die dritte Möglichkeit schließlich war, daß der betreffende Bauer einen jungen Mann zum Priester an seiner

Kirche ausbilden ließ, einen *prestlingr,* wie dieser Adept genannt wurde. Er mußte dann einen Vertrag mit dem jungen Mann selbst oder mit dessen Vormund abschließen und ihm an Unterricht und strenger Erziehung zuteil werden lassen, was erforderlich war, bis er geweiht wurde. Ein solcher Priester, ein sogenannter Kirchenpriester, war dann als eine Art Leibeigener an seine Kirche gebunden. Wenn er die Kirche verließ, für die er ausgebildet worden war, mußte der betreffende Bauer das auf dem Gesetzesfelsen bekanntgeben und — wie bei einem Geächteten — allen Verkehr mit ihm untersagen und seinen Priester wie einen fortgelaufenen Sklaven zurückfordern. Die einzige Möglichkeit eines Kirchenpriesters, dieser Leibeigenschaft zu entkommen, bestand darin, an seiner Stelle einen anderen anzulernen.

Diese Abhängigkeit des Priestertums von der weltlichen Macht ist gewiß ein wichtiger Grund dafür, daß die Kirche dieses Volk niemals so fest in der Hand hatte, wie es in anderen Ländern der Fall war. Anderseits ist vielleicht die Stellung der isländischen Priester mit die Ursache dafür gewesen, daß auf Island keine eigentliche Kluft zwischen den Dienern der Kirche und dem gemeinen Mann entstand.

Ein Bischofssitz wurde Mitte des elften Jahrhunderts in Skálholt im Südland eingerichtet, ein zweiter Anfang des zwölften Jahrhunderts in Hólar im Nordland. Der erste Bischof von Hólar, Jón Ögmundarson, soll an seinem Bischofssitz eine ausgezeichnete Schule eingerichtet und ausländische Lehrer für Latein, Musik und Poetik angestellt haben. Auf seine Initiative hin entstand auch das erste Kloster auf Island, Þingeyrar. Allem Anschein nach haben die isländischen Klöster, nicht zuletzt auch das eben genannte, eine wichtige Rolle für die Aufzeichnung der

Volksüberlieferungen aus der heidnischen Zeit gespielt. Das zeugt von einer vorurteilslosen und toleranten Einstellung, die man gern mit der volkstümlichen Art der isländischen Kirche in Verbindung bringt.

Mitunter kann man den isländischen Sagas deutlich anmerken, wie ein Aufzeichner oder Verfasser bemüht gewesen ist, eine Synthese zwischen seinem eigenen christlichen Glauben und der überlieferten heidnischen Lebensanschauung herzustellen. Einige Handschriften der eigenartigen *Fóstbrœðra saga,* die man für eine der ältesten geschriebenen Sagas hält, lassen einen sehr auffälligen christlichen Einfluß erkennen. Dieser steht jedoch dem gleich stark sich behauptenden alten Heldenideal in einer Weise gegenüber, die dem heutigen Leser ein Lächeln abnötigt. So wird etwa von dem einen der Ziehbrüder, Þorgeirr, welcher als junger Mann den Mörder seines Vaters erschlagen hat, gesagt:

Alle, die die Nachricht hörten, befanden, es sei eine bemerkenswerte Begebenheit, daß ein ganz junger Mann der Mörder eines so starken Häuptlings und eines so großen Helden wie Jöðurr geworden sei. Dennoch war das nicht verwunderlich. Denn ein so festes und unerschrockenes Herz hatte der Schöpfer der Welt geschaffen und in Þorgeirs Brust gelegt, daß er keine Furcht kannte und in allen Erprobungen so mutig wie ein Löwe war. Und da alle guten Dinge von Gott geschaffen sind, so ist auch die Furchtlosigkeit von Gott geschaffen und in die Brust mutiger Männer gelegt und damit die Freiheit und Kraft, zu tun, was sie wollen, Gutes oder Böses. Denn Christus hat die Christenmenschen zu seinen Söhnen, nicht aber zu seinen Knechten gemacht. Und er wird jedem nach seinem Verdienst vergelten.

Das ist ein Gedankengang, der an einen Ausspruch von Halldór Laxness in einem Essay von 1945 über die Vorzeitsagas erinnert: wiewohl Heidnisches und Christliches lange Zeit auf Island nebeneinander hergelaufen seien, hätten sich diese beiden Glaubens- und Lebensformen niemals miteinander verbinden lassen, ebensowenig wie kaltes Wasser und geschmolzenes Blei.

Sturlungazeit und Untergang des Freistaats

Im elften Jahrhundert scheint es im isländischen Gemeinwesen verhältnismäßig friedlich zugegangen zu sein. Im zwölften Jahrhundert aber flammten die Streitigkeiten auf, und noch schlimmer wurde es während des folgenden Jahrhunderts. Diesen Abschnitt, von der Mitte des zwölften Jahrhunderts bis zum Untergang des Freistaats im Jahre 1262, nennt man gewöhnlich nach einem der herrschenden Geschlechter Sturlungazeit.

Es mag zunächst etwas an den Haaren herbeigezogen wirken, wenn man bei einer Betrachtung der isländischen Saga in der Sturlungazeit verweilt. Die Ereignisse, die die Familiensagas widerspiegeln, gehören ja in die mehrere hundert Jahre zurückliegende „Sagazeit". Aber der Stoff der Sagas ist eine Sache, eine andere seine literarische Ausformung und Aufzeichnung. Und diese Aufzeichnung geschah, wie schon gesagt wurde, im wesentlichen im dreizehnten Jahrhundert, also während der Sturlungaepoche oder im engen Anschluß daran. Es ist eine umstrittene Frage, in welchem Maße die Sagas wirklich ein einigermaßen getreues Bild von der eigentlichen Sagazeit vermitteln und wieweit sie Ausdruck der Verhältnisse und Anschauungen zur Zeit der Niederschrift sind. In letzter Zeit hat ein isländischer Forscher so weit zu gehen gewagt, daß er die berühmteste aller Familiensagas, die *Njála,* als einen Schlüsselroman aus der Sturlungazeit interpretierte. Er meint zu erkennen, daß hier ein bestimmter Verfasser mit einer bestimmten Tendenz in den Gestalten und Episoden aus der Sagazeit gewisse Personen — darunter auch sich selbst — und Begebenheiten aus seiner eigenen Zeit festgehalten habe. Wie immer diese Interpretation der *Njála* sich auch bewähren mag, — es ist jedenfalls offensichtlich, daß sie von einem völlig richtigen Prinzip ausgeht. Man muß damit rechnen, daß die Sagas in ihrer erhaltenen Form entscheidende Eindrücke aus der Zeit ihrer Niederschrift aufgenommen haben. Damit ist zugleich zum Ausdruck gebracht, daß die Sturlungazeit für die Beschäftigung mit den Familiensagas von größtem Interesse ist.

Wir sind nun in der glücklichen Lage, uns über die Sturlungazeit in einem unvergleichbar ausführlichen zeitgenössischen Werk informieren zu können. Das ist die *Sturlunga saga,* oder kürzer die *Sturlunga,* ein Sammelwerk, das die Geschichte Islands im zwölften und dreizehnten Jahrhundert darstellt. Es besteht aus mehreren, ziemlich locker aneinandergefügten Teilen. Die erste Hälfte des dreizehnten Jahrhunderts, ein großer und wichtiger Abschnitt der Saga, wird von Sturla Þórðarson (1214—1284; er ist ein Neffe Snorri Sturlusons) behandelt, der selber in heftige Parteienstreitigkeiten auf Island verwickelt war. Er dürfte also besondere Voraussetzungen mitgebracht haben, ein realistisches und anschauliches Bild seiner Zeit zu liefern. Daß es in allem objektiv sein müßte, dürfte man dagegen billigerweise kaum verlangen. Tatsächlich aber sind Licht und Schatten erstaunlich gleichmäßig auf die streitenden Parteien verteilt, obwohl hier eine so wild bewegte Periode dargestellt wird. Die Ehrfurcht der alten isländischen Geschichtsschreiber vor nackten Tatsachen war schon seit Sæmundr fróðis und Ari fróðis *(fróði* „der Gelehrte“) Tagen tief eingedrungen.

Zunächst soll hier die politische Entwicklung während der Sturlungazeit dargelegt werden. Das anschließende Kapitel behandelt einige auffällige Züge im allgemeinen Erscheinungsbild dieser Epoche.

Nach der Mitte des zwölften Jahrhunderts trat eine Störung im Gleichgewicht zwischen den Godentümern ein. Es wurde immer gewöhnlicher, daß mehr als ein Godord in die Hand eines einzelnen gelangte. Teilweise beruhte das darauf, daß viele Häuptlinge, die sich zum Priester hatten weihen lassen, ihr Godord abtraten, um nach Möglichkeit einer Verwicklung in weltliche Fehden zu entgehen; das war eine Tendenz, die die Kirche nach Kräften unterstützte. Schließlich war die alte Gesellschaftsstruktur völlig verändert: an Stelle zahlreicher Goden mit etwa vergleichbarer Macht gab es nun einige wenige Große und ihre Geschlechter, die weite Teile des Landes an sich gerissen hatten. Unter diesen Häuptlingen tobten ununterbrochen Streitigkeiten, die im frühen dreizehnten Jahrhundert ihren Höhepunkt erreichten und damit endeten, daß Island sich dem norwegischen König unterwarf.

Das größte Interesse unter den streitenden Geschlechtern gilt den Sturlungen selbst, die der gesamten Periode den Namen gegeben haben. Der Stammvater des Geschlechts war Sturla Þórðarson (1115—1183), nach seinem Hof „Hvamm-Sturla" genannt und nicht zu verwechseln mit seinem Enkel und Namensvetter, dem Geschichtsschreiber, der genau hundert Jahre später lebte. Hvamm-Sturla war, wie manch anderer Häuptling zu seiner Zeit, ein Emporkömmling. Aber was ihm im Hinblick auf die Ahnenreihe abging, das machte er durch Ehrgeiz, Schläue und Rücksichtslosigkeit wett, und allmählich kam es dahin, daß er im Westland die größte Macht besaß.

Mit den Söhnen Hvamm-Sturlas, Þórðr, Sighvatr und Snorri, begann die eigentliche Blütezeit des Geschlechts. Der jüngste der Brüder, Snorri Sturluson (1179—1241), ist nicht nur als Geschichtsschreiber und Skalde zu Berühmtheit gelangt. Auch in mehr weltlichen Dingen bewies er eine glückliche Hand. Unter anderem verhalf er sich durch geschickt ausgeklügelte Vermählungen — er war zweimal verheiratet — zu Einfluß und Reichtum. Er besuchte Norwegen, wo er die Huld König Hákon Hákonarsons und des Jarls Skule gewann. Es gelang ihm sogar, einen norwegischen Kriegszug gegen Island mit dem Versprechen abzuwenden, er selbst werde die Belange des Königs bei seinen Landsleuten vertreten. Jedoch wurde aus dieser Mission nicht viel, als er glücklich heimgekehrt war. Im Jahre 1222 wurde Snorri zum zweiten Mal als Gesetzessprecher gewählt, und in den anschließenden Jahren gelangte er auf den Gipfel seiner Macht, teilweise auf Kosten seiner eigenen Verwandten. Besonders rücksichtslos verhielt er sich gegen seinen Bruder Sighvatr und dessen Sohn Sturla.

Aber gerade mit Sturla Sighvatsson sollte der politische Einfluß des Geschlechts einen ersten Höhepunkt erreichen. Zuvor noch erscheint Sturla in einem Intermezzo, das sich auf eigentümliche Weise von den wilden Auseinandersetzungen auf Island abhebt. Er und sein Vater hatten sich eines Übergriffs gegenüber dem bekannten Bischof Guðmundr Arason (1160—1237), der „der Gute“ genannt wurde, schuldig gemacht. Sturla unternahm eine Wallfahrt nach Rom, um vom Papst selbst Absolution zu empfangen. Darüber berichtet die *Sturlunga:*

Sturla empfing in Romaburg Absolution für alle seine eigenen und seines Vaters Übertretungen und unterwarf sich da strenger Buße. Er wurde barfuß zwischen allen Kirchen Romaburgs umhergeführt und vor den meisten Hauptkirchen kasteit. Er ertrug es männlich, wie man es erwarten konnte, aber viel Volks stand draußen und verwunderte sich, schlug sich an die Brust und beklagte, daß einem so herrlichen Mann so übel zugesetzt würde, und sie konnten die Tränen nicht zurückhalten, weder Männer noch Frauen.

Nach dieser Bußfahrt besuchte Sturla Norwegen. König Hákon war der Meinung, man könnte den Fehden auf Island am ehesten ein Ende bereiten, indem man dort die Monarchie einführte. Sturla verpflichtete sich, und zwar auf entsprechende Ehrungen hin, für des Königs Sache zu wirken. Ihm wurde nahegelegt, das Land nicht mit Totschlag zu gewinnen; statt dessen sollte er die Aufständischen gefangennehmen und sie des Landes verweisen oder sich ihren Machtbereich auf andere Weise unterwerfen. Als Sturla zurückgekehrt war, wandte er sich zunächst gegen seinen Onkel Snorri Sturluson und dessen Sohn Orækja. Programmgemäß wurde Snorri aus seiner Position im Borgarfjord verdrängt und schließlich in die Verbannung getrieben.

Den ehrgeizigen und rücksichtslosen Sturla ereilte sein Schicksal in Gestalt der beiden jungen Häuptlinge Gizurr Þorvaldsson (1208/9—1268) und Kolbeinn Arnórsson ungi (1208—1245). Sturla gab vor, mit Gizurr einen Bund schließen zu wollen, brachte ihn durch Täuschung in seine Gewalt, zwang ihm das Versprechen ab, das Land zu verlassen, und ließ ihn darauf den Treueid schwören. Natürlich dachte Gizurr nicht daran, diesen erzwungenen Eid zu halten. Er tat sich mit Kolbeinn dem Jungen zusammen, und mit einem Heer von siebzehnhundert Mann besiegten sie im Sommer 1238 Sturla und seinen Vater Sighvatr bei Örlygsstaðir in dem größten Treffen, das je auf Island stattgefunden hat. Vater und Sohn fielen nach tapferer Verteidigung.

Die Ruhe auf Island war hiermit indessen keineswegs wiederhergestellt. Nach der Schlacht bei Örlygsstaðir kamen Snorri Sturluson und Orækja aus der Verbannung zurück und erhoben Anspruch auf ihre frühere Machtstellung. Aber in dieser Situation bekamen Gizurr Þorvaldsson und Kolbeinn der Junge einen hohen Trumpf zugespielt. König Hákon schrieb nämlich an Gizurr und gebot ihm, entweder Snorri des Landes zu verweisen oder ihn zu töten. In diesem Brief nannte der König Snorri einen Hochverräter. Offensichtlich war er mit der Art und Weise, in der Snorri seine Sache auf Island betrieb, unzufrieden, und allem Anschein nach war Snorri auch alles andere als energisch seinem Auftrag nachgegangen.

Gestützt auf den Brief des Königs, ließen Gizurr und Kolbeinn der Junge in einer Septembernacht des Jahres 1241 Snorri auf seinem Hof Reykholt ermorden. Bezeichnend für die Verhältnisse auf Island in jener Zeit ist es, daß sowohl Gizurr wie Kolbeinn Schwiegersöhne des Ermordeten waren; sie waren ehemals mit Töchtern Snorris verheiratet gewesen.

Es ist überflüssig, hier die letzten beiden Jahrzehnte des isländischen Freistaats in ihren einzelnen Phasen zu verfolgen. Unter den Großen, die außer Gizurr und Kolbeinn in dieser Schlußperiode auftraten, sind zu nennen Þórðr Sighvatsson kakali (1210—1256) und Þorgils Böðvarsson skarði (1226—1258), beide aus dem Sturlungengeschlecht. Þórðr war Sturla Sighvatssons Bruder, war aber dem Schicksal seines Vaters und seines Bruders bei Örlygsstaðir entgangen, da er sich zu jener Zeit in Norwegen aufgehalten hatte.

Der norwegische König faßte auf Island immer fester Fuß. Nach dem Sturz Snorri Sturlusons belegte er dessen Eigentum und Machtstellung mit Beschlag. Isländische

Häuptlinge traten aus freien Stücken ihr Godord an den König ab. In ihren Streitigkeiten untereinander wandten sie sich um Beistand an den König und überließen ihm die Entscheidung. Es endete damit, daß die Isländer dem König von Norwegen Treue und Ergebenheit gelobten und als Steuerpflichtige der norwegischen Krone unterstellt wurden (1262—1264). Danach hat Island beinahe siebenhundert Jahre lang ein fremdes Staatsoberhaupt gehabt, bis am 17. Juni 1944 auf Þingvellir die Republik ausgerufen wurde.

Allgemeine Charakteristik der Sturlungazeit

Im vorangehenden Abschnitt sind die äußeren Umrisse dieser unruhigen politischen Periode der Sturlungazeit dargestellt worden. Wesentlicher indessen als Hintergrund für das literarische Schaffen der Zeit sind Denkweise und Lebensanschauung, die das Handeln der Menschen bestimmten. Auch in diesem Punkte ist die Sturlungasaga eine außerordentlich ergiebige Quelle.

Die Beziehungen zwischen den isländischen Großen und dem norwegischen König verraten manches über das isländische Unabhängigkeitsgefühl in persönlicher wie nationaler Hinsicht. Während ihrer Besuche in Norwegen wurden viele isländische Häuptlinge Lehnsmänner des Königs; Gizurr Þorvaldsson wurde sogar zum Jarl von Island erhoben und umgab sich mit einem eigenen Lehnsgefolge. Ihre Widerstandskraft war infolgedessen nicht sehr groß, wenn der König ihnen nahelegte, in ihrem Lande für seine Sache zu wirken; denn damit konnten sie ja zugleich ihrem eigenen Machtstreben frönen. Dennoch betrieben sie nahezu ausnahmslos ihren königlichen Auftrag auf eine äußerst laxe Weise, wenn sie erst einmal nach Island zurückgekommen waren. Offenbar hatten sie einen gewissen Widerwillen gegen diese Mission und spürten, daß diese bei ihren Landsleuten auf geringes Verständnis stieß. Isländische Große wurden denn auch immer wieder nach Norwegen zitiert, um sich für ihre unbedeutenden oder ganz ausgebliebenen Erfolge im Dienste des Königs zu rechtfertigen.

Einer der Häuptlinge, die persönliche Gründe hatten, das Verhältnis zwischen Isländern und der königlichen Gewalt zu überdenken, war Snorri Sturluson. Und aus seinen Schriften geht hervor, wie stark dieser Gegenstand ihn in den zwanziger Jahren beschäftigte, nachdem er selbst im Auftrage des Königs zurückgekehrt war. Man hat sich auf die ausgedehnten Abschnitte gestützt, die er in seine *Óláfs saga helga* aus der Geschichte der Faröer und der Orkneys aufnimmt, — und zwar alles über deren Beziehungen zum norwegischen König. Die zentrale Stelle in diesem Zusammenhang ist indessen Snorris Bericht über Olaf Haraldssons Botschaft an das Allting. Da dieser Abschnitt auf Island geradezu klassisch geworden ist als Ausdruck für isländische Auffassung von der Königsmacht und als Symbol für den isländischen Widerstandswillen, soll er hier zur Sprache kommen.

Snorri nennt einleitend eine Reihe bekannter Isländer, die zu treuen Anhängern König Olafs geworden waren, und spricht davon, wie der König mit ihnen Geschenke ausgetauscht habe. „Aber“, so fügt Snorri hinzu, „in diesen Zeichen der Freundschaft, die der König Island erwies, lag etwas mehr, wie sich später zeigte.“ Olaf hatte einen Isländer namens Þórarinn Nefjólfsson ausgesandt, der dem Allting Gottes und Olafs Gruß übermittelte, verbunden mit dem Begehren Olafs, König der Isländer zu werden, wenn diese seine Untertanen werden wollten. Diese Rede fand freundliche Aufnahme, und alle erklärten, daß sie gerne des Königs Freunde sein wollten, wenn er ein Freund der Isländer wäre. Da fuhr Þórarinn fort und sagte, der König bäte sich als einen Freundschaftsbeweis von den Nordländern die Insel oder die „Außenschäre“ Grímsey draußen im Eyjafjord aus. In der anschließenden Beratung sprach sich der einflußreiche Guðmundr von Möðruvellir dafür aus, daß man den Wunsch des Königs erfüllen solle, und viele stimmten ihm zu. Da fragte jemand, warum sich Guðmunds Bruder Einarr nicht äußere. Einarr ergriff das Wort:

Ich habe wenig zu dieser Angelegenheit gesagt, weil niemand mich dazu aufgefordert hat. Wenn ich aber meine Meinung sagen soll, so glaube ich, daß es das Beste für unser Volk wäre, sich nicht zu den Steuern für König Olaf und zu all solchen Abgaben zu verpflichten, die er in Norwegen vom Volke fordert. Eine solche Unfreiheit würden wir nicht nur uns selber aufbürden, sondern uns und unsern Söhnen und unserem ganzen Geschlecht, das dieses Land bewohnt; und dieses Joch würde niemals vergehen oder von unserem Lande genommen werden.

Wenn auch dieser König ein guter Mann ist, für den ich ihn gerne halten will, so wird es künftig beim Wechsel der Könige sein wie bisher, daß sie verschieden sind, gut die einen, die anderen aber schlecht. Und wenn unser Volk seine Freiheit behalten will, die es gehabt hat, seit das Land besiedelt wurde, so gilt es, den König nicht Fuß fassen zu lassen, sei es nun in Gestalt von Landbesitz hier oder von bestimmten Abgaben, die von hier abgeführt werden und als Lehnssteuer angesehen werden könnten. Dagegen halte ich es für richtig, wenn die, die es wollen, dem König Freundschaftsgeschenke senden, Habichte oder Pferde, Zelte oder Segel oder andere Sachen, die als Gabe geeignet sind. Sie sind gut angelegt, wenn sie Freundschaft eintragen.

Von Grímsey aber ist zu sagen, daß, wenn man auch nichts Eßbares von da wegholt, dort jedenfalls ein ganzes Heer ernährt werden kann. Und wenn sich dort eine fremde Kriegsmacht befindet und diese von dort mit Langschiffen auszieht, so meine ich, manche Kleinbauern möchten das für etwas dicht vor ihrer Tür halten.

Nach Einars Rede lehnte die Tingversammlung den Antrag König Olafs einstimmig ab.

Man darf kaum annehmen, Snorri habe hier eine solche zweihundert Jahre zurückliegende Episode aus der Geschichte seines Landes darstellen können, ohne dabei an seine eigene Zeit zu denken. Ähnliches muß für die anonymen Aufzeichner der Familiensagas gelten. Das Mißtrauen gegenüber dem Königtum war auf Island tief verwurzelt. Der Überlieferung nach geht ja auch die eigentliche Entstehung des isländischen Volkes auf die mangelnde Bereitschaft zurück, sich mit der Neuordnung Harald Schönhaars abzufinden. Für die Sturlungazeit stellte der norwegische König eine fremde Drohung dar, eine überlegene Macht, der man sich schließlich ohne jeden heldenhaften Widerstand unterwerfen mußte. Es ist eine einleuchtende Annahme, daß sich bei den Sagaschreibern eine Tendenz bemerkbar gemacht habe, ihre Vorfahren gegenüber den zeitgenössischen Isländern als hartnäckiger darzustellen, als ebenbürtigere Partner im Umgang mit dem König. Man darf es indessen nicht nur als eine Idealisierung aus dem zeitlichen Abstand heraus beurteilen, wenn die Unerschrokkenheit gegenüber dem König in den isländischen Sagas so deutlich zum Ausdruck kommt. Vielmehr muß man auch damit rechnen, daß das Verhältnis zwischen dem einzelnen freien Mann und dem König in einer früheren Periode tatsächlich ungezwungener war. Im dreizehnten Jahrhundert hatte das Königtum sich schon mit komplizierteren Konventionen umgeben. Der Kontakt zum einfachen Mann war darum nicht mehr so unmittelbar.

Keine der großen isländischen Sagas gibt von den Beziehungen zwischen einem einzelnen Mann oder einer einzelnen Familie und dem norwegischen König eine so nuancierte und lebendige Schilderung wie die *Egils saga*

Skalla-Grímssonar. Man kann in ihrem Bericht über die Auseinandersetzungen zwischen dem Geschlecht Kveld-Úlfs und dem des Königs zwei verschiedene Züge oder Tendenzen unterscheiden. Sie entsprechen ziemlich gut zwei unterschiedlichen Persönlichkeitstypen in Kveld-Úlfs eigener Familie. Der eine wird von den beiden Generationen Þórólfr repräsentiert: Kveld-Úlfs Sohn und Enkel, von denen der erstere zugleich der Onkel des letzteren ist. Sie sind in ihrem Auftreten glanzvolle Gestalten, große Krieger selbstverständlich, jedoch ohne jeden barbarischen Zug. Es zieht sie in die Umgebung des Königs, und mit ihrem Sinn für höfische Formen sind sie offenbar zu Lehnsmännern wie geschaffen. Kveld-Úlfr selbst, sein Sohn Skalla-Grímr und sein Enkel Egill vertreten einen anderen Zweig der Sippe. Diese Männer unterscheiden sich schon dem Aussehen nach entschieden von den Þórólfs. Sie alle haben in ihrer Körpergröße und ihren seltsamen Gesichtszügen etwas von Kobolden oder Riesen, ein Wort, das einmal in bezug auf Skalla-Grímr benutzt wird. Sie haben in ihrem Wesen etwas Wildes und Dämonisches, das in ihrem Berserkergang, ihrer Sehergabe und ihren Zauberkünsten zum Ausdruck kommt. Sie sind ausgeprägte Individualisten, die man unmöglich bändigen kann. Das ist der Zug an ihnen, der die schweren Zusammenstöße mit dem König hervorruft und jede Versöhnung ausschließt.

Der Verfasser der *Egils saga* — mit guten Gründen hat man ihn in Snorri Sturluson selbst, dem großen Nachkommen Egils, sehen wollen — ließ also im Bereich ein und derselben Familie das Verhältnis zwischen dem König und dem einzelnen freien Mann auf eine reich nuancierte Weise sich spiegeln. Das ist ein Motiv, das an und für sich für die Isländer der Sturlungazeit von großem Interesse sein konnte. Aber es dreht sich dabei nicht um eine direkte

Übertragung von Problemen der Gegenwart auf eine vergangene Epoche. Vom gesellschafts- und staatsrechtlichen Aspekt, der während des dreizehnten Jahrhunderts in den Beziehungen der Isländer zur Königsmacht der wichtigste gewesen sein muß, merkt man in der Saga nicht viel. Dort ist stattdessen alles betont persönlich, eine Reihe dramatischer Auseinandersetzungen zwischen ausgeprägten Individuen. Vielleicht gibt die Saga in diesem Punkte, wie schon angedeutet wurde, den direkteren Umgang einer vergangenen Zeit zwischen dem König und dem einzelnen wieder. Aber es ist, wie gesagt, höchst wahrscheinlich, daß Überlieferung und Sagaaufzeichner ihren isländischen Helden eindrucksvollere Proportionen verliehen haben, als die Wirklichkeit sie aufzeigen konnte. Es muß für das bedrängte Volk der Sturlungazeit Trost und Vorbild gewesen sein, zu sehen, wie ihre Vorfahren unerschrocken vor des Königs Angesicht hintraten und ihm gegenüber ihr Recht und ihre Persönlichkeit behaupteten.

Nicht wenige sogenannte *þættir* („Stücke“) behandeln in mehr novellistischer Art eine Episode mit dem norwegischen König und einem Isländer. Als Beispiel ließe sich der *þáttr* von Stúfr wählen, der nach Norwegen fuhr, um sich ein Erbe auszahlen zu lassen. Bei einem Bauern fand er Unterkunft, und als sie sich gerade zum Essen niedergesetzt hatten, kehrte König Harald der Harte mit zahlreichen Männern bei eben diesem Bauern ein. Der erhob sich sogleich und sagte, alle sollten hinausgehen, da der König gekommen sei. Alle entfernten sich daraufhin mit Ausnahme des Isländers, der ruhig sitzen blieb. Anfänglich erscheint Stúfr nahezu wie ein Tölpel, dem im Umgang mit der königlichen Majestät jegliche Manier abgeht. Zugleich aber steht seine behäbige Ruhe in einem komischen und keineswegs unsympathischen Gegensatz zu dem beflissenen Eifer des Bauern, die Bänke für den König und sein Gefolge freizumachen. Zunächst glaubt König Harald anscheinend, daß man es hier mit einem etwas ungehobelten und einfältigen Kauz zu tun habe, der sich möglicherweise zur Zielscheibe allgemeinen Spotts eigne. Der Isländer aber zeigt nach und nach als Ausgleich für seinen Mangel an höfischem Anstand eine natürliche, gesunde Vernunft, eine Ehrlichkeit und eine Schlagfertigkeit, an denen der König Gefallen findet. Und der Erzähler trennt sich schließlich mit dem Urteil von Stúfr, daß dieser als ein „kluger und beliebter Mann" angesehen worden sei.

In der *Egils saga* wie im *„þáttr"* von Stúfr begegnet man in unterschiedlichen Schattierungen altem individuellem und demokratischem Geist Islands. Daß ein Mann wie Egill mit einer angesehenen Familie und einflußreichen Freunden als Rückhalt sich dem König für ebenbürtig hält und es geradezu hart auf hart gehen läßt, ist vielleicht nicht überraschend. Beachtlicher ist es, daß Stúfr auf eine so selbstverständliche Weise seine Eigenart gegenüber Harald dem Harten behaupten kann. In der Darstellung solcher Gestalten spiegelt sich ein ausgeprägtes Interesse am Individuum, das unabhängig von dessen gesellschaftlicher Stellung ist. Dahinter steht eine Betrachtungsweise, die natürlich größere Aussichten hat, in einem zahlenmäßig so kleinen Volk wie dem isländischen Wurzel zu schlagen, einem Volk ohne eigentliche Klassenunterschiede — abgesehen von der Kluft zwischen Freien und Leibeigenen — und ohne eine Obrigkeit, die sich mit allen Zeichen der Macht umgibt.

Der gleiche Individualismus und die gleiche Selbstbehauptung, die nach dem Zeugnis der Literatur den Isländer der Freistaatzeit in seinen Beziehungen zum norwegischen König auszeichnen, bestimmten auch seine Reaktion auf die gebieterische Sprache der Kirche. Als der tatkräftige Bischof Þorlákr Þórhallsson (gestorben 1193) den isländischen Großen ihre Kirchen abverlangte — wie oben erwähnt, waren diese von Anfang an Eigentum der „Kirchbauern" — und sich dabei auf die Botschaft des Papstes und des Erzbischofs berief, stieß er unter anderm bei dem angesehenen Jón Loftsson (gestorben 1197) auf harten Widerstand: „Wohl vermag ich die Botschaft des Erzbischofs zu vernehmen, aber ich bin entschlossen, mich nicht daran zu kehren, und ich glaube nicht, daß er Besseres will oder weiß als meine Vorfahren, Sæmundr inn fróði und seine Söhne." Als der gleiche Bischof Þorlákr Jón Loftsson von seiner Nebenfrau oder Kebse trennen wollte, die, beiläufig, des Bischofs eigene Schwester war, und mit dem Kirchenbann drohte, soll Jón geantwortet haben:

> Ich weiß, daß dein Bann rechtmäßig und meine Schuld hinlänglich ist. Ich werde mich deinen Worten auf diese Weise fügen, daß ich mich nach Þórsmörk oder an einen andern Ort begebe, wo die Allgemeinheit sich durch den Umgang mit mir keine Schuld zuzieht, und ich werde dort, solange ich es für gut befinde, mit der Frau bleiben, deretwegen ihr mit mir ins Gericht geht. Nicht aber wird euer Bann und nicht der Zwang irgend eines Menschen mich von meinen Schwierigkeiten scheiden, solange Gott mir nicht in die Brust haucht, mich aus freiem Willen von ihnen zu trennen.

Es ist offensichtlich, daß eine solche Mentalität in scharfem Gegensatz zu der Gesinnung steht, die die Kirche predigte. Jón verläßt sich völlig auf sein eigenes Urteil, wobei die Reihe seiner Ahnen ihm moralischen Rückhalt gewährt. Aber dieser unbändige Individualismus, dieses trotzige Behaupten des eigenen Ichs mußte sich in den Augen der Kirche als ein gefährlicher Rest des alten heidnischen Glaubens an die eigene Kraft und das eigene Können ausnehmen. Es lag im Interesse der Kirche, die Allgemeinheit in der Auffassung zu bestärken, daß der Mensch aus sich selbst nichts sei und nur als Glied der heiligen, allgemeinen Kirche einen Wert besitze. Dieser Gedanke aber war der altisländischen Lebensanschauung, in der die Tugend der Demut nicht hoch im Kurs stand, so fremd wie möglich. Die Forderung nach Disziplin und Organisation mußte sich nur schwer in einer Gesellschaft durchsetzen können, die von Anfang an keine Vollzugsgewalt besaß und in der der einzelne freie Mann eine so große Ellbogenfreiheit hatte.

Der Sturlungazeit haftet der Ruf einer moralischen Verwilderung an. Nicht nur die verheerenden gegenseitigen Befehdungen als solche haben dieser Periode einen derartigen Leumund eingetragen, sondern auch bestimmte hervortretenden Züge, die die *Sturlunga* unerbittlich registriert: Falschheit, Grausamkeit usw. Auch unter nahen Verwandten innerhalb der bekannteren Sippen ist die Eintracht äußerst anfällig; man braucht nur an Sturlas Söhne zu erinnern. Ein Mal übers andere wird von betrügerischen Briefen erzählt, die dazu dienen sollten, den Feind ins Verderben zu locken. Wortbrüche sind an der Tagesordnung. Es konnte vorkommen, daß Häuptlinge die Gefolgsleute ihrer Widersacher verstümmeln ließen, sei es, daß ihnen eine Hand oder ein Fuß abgeschlagen wurde, sei es, daß man sie kastrierte. Die Erscheinung der Kebsweiber war auch unter den Priestern weit verbreitet und führte seitens der kirchlichen Obrigkeit zu bitteren Klagen über den sittenlosen Lebenswandel.

Ein isländischer Forscher indessen hat die Behauptung aufgestellt, daß die Sturlungazeit in moralischer Hinsicht kaum schlechter als irgendeine andere Epoche gewesen sei. Nur habe sie es entgelten müssen, daß ihr in der Sturlungasaga eine so unbestechliche und detaillierte Chronik zuteil geworden sei. Im Ausland, in ausgedehnteren Verhältnissen, hätten die Machthaber und späterhin die Geschichtsschreiber Gewalttaten als politische Notwendigkeit verschleiern, sie als mehr oder weniger gesetzliche Bestrafung hinstellen können. „Hierzulande indes nimmt man kaum den Staatsgedanken für lauter Individuen in Anspruch. Sie müssen all das auf ihre Kappe nehmen.“

Man hat jedoch stark den Eindruck, daß die eigentlichen bewaffneten Auseinandersetzungen von der Sagazeit an eine gewisse Verwilderung durchmachten, jedenfalls soweit sich diese vergangene Epoche in der Literatur widerspiegelt. Als Beispiel darf auf die Darstellung der Sturlungasaga bei der Schilderung vom Sturz Sighvats und Sturlas in der Schlacht bei Örlygsstaðir verwiesen werden.

Sighvatr hatte sich mit einigen Begleitern aus der Schlacht zurückgezogen und war zu Boden gesunken. Er war nicht schwer verwundet; aber er war ein Mann von siebenundsechzig Jahren und war erschöpft. Mehrere Gegner, unter ihnen Kolbeinn der Junge selbst, richteten ihre Waffen gegen den wehrlos Daliegenden. Man zog dem Erschlagenen alle Kleider außer einem Hemd und einer kurzen Hose aus.

Während sich diese Episode abspielte, kämpfte Sighvats Sohn Sturla auf einer anderen Stelle des Schlachtfeldes um sein Leben. Ein kleiner Mann, den er eben mit seinem Schwert niedergestreckt hatte, war wieder auf die Beine gekommen und hatte ihm mit dem Speer einen Stich durch die rechte Wange versetzt. Und in diesem Augenblick erhielt er zwei weitere Wunden. Hjalti, der Bischofssohn, durchstach ihm die linke Wange, so daß die Speerspitze die Zunge durchschnitt und in den Knochen drang. Ein anderer stach ihn durch den Hals zum Mund empor. Da rief Sturla Hjalti zu: „Friede, Vetter!“ — „Frieden sollst du von mir aus haben“, antwortete dieser. Zusammen zogen sie sich aus dem Kampf zurück. Müdigkeit und Blutverlust hatten Sturla aller Kräfte beraubt; Hjalti legte ihm den einen Arm um die Schultern und hielt ihn aufrecht. Aber sie waren noch nicht weit gekommen, als Sturla niederstürzte. Er konnte nicht mehr richtig sprechen; Hjalti meinte zu hören, daß er um einen Priester bat, und ging, um einen zu holen. Andere Männer blieben bei Sturla stehen; einer legte einen Schild über ihn, ein anderer einen kleinen Rundschild. Da erschien Gizurr Þorvaldsson selbst. Er riß die schützenden Waffen samt der Eisenhaube weg und sagte nur: „Hier bin ich es, der zu handeln hat.“ Er nahm einem Manne die Breitaxt aus der Hand und schlug Sturla hinterm linken Ohr an den Kopf. Die dabei waren, erzählten hinterher, Gizurr sei hochgesprungen, als er die Axt hob und zuschlug, so daß man den Abstand zwischen den Fußsohlen und dem Boden habe wahrnehmen können. Ein anderer stach Sturla durch den Hals zum Mund empor, und zwar in die gleiche Wunde, die er zuvor empfangen hatte, so daß man jetzt drei Finger hineinstecken konnte. Ein dritter stieß Sturla rechts über dem Nabel seinen Speer in den Leib. Ein vierter endlich schlug ihm mit der Axt in den Hals. Danach wurde die Leiche des gefallenen Häuptlings geplündert, bis sie nackend dalag.

Sicher ist Sturla Þórðason nicht von dem Wunsch beseelt gewesen, irgendwie zu idealisieren, als er seinen Bericht über die Schlacht bei Ǫrlygsstaðir schrieb. Nach Parallelen für solche geschmacklosen Einzelheiten sucht man in den Familiensagas vergeblich. Hier in der *Sturlunga* ist der Kampf kleinlicher und zugleich grausamer. Keine Todeshiebe werden ausgetauscht, keine Schädel bis auf die Schultern gespalten. Vorsichtig versucht man seine Streiche anzubringen, und der eigene Mut steigt mit der

Wehrlosigkeit des Gegners; den Höhepunkt aber erreicht er, wenn jener tot ist. Sighvatr und Sturla empfangen ihren Todesstoß, als sie völlig hilflos daliegen. Geradezu lächerlich ist Gizurs Freudensprung, als er seine Axt gegen Sturla schwingt. Wenn man diesen authentischen Zeitbericht eines Augenzeugen liest, hat man stark den Eindruck, daß die Kampfschilderungen der Geschlechtssagas für die Isländer der Sturlungazeit etwas weithin der Vergangenheit Angehöriges gewesen sein müssen. Und man ist in jedem Falle berechtigt zu fragen, ob nicht das Heldenideal und die Kampfmoral der Sagas in starkem Maße eher Traum und Fiktion einer späteren Epoche waren, als daß sie jemals in Wirklichkeit existiert hätten.

Man hat den Zug von Auflösung und das Fehlen eines moralischen Kerns in der Sturlungazeit zum Teil als eine Folge der Spannung zwischen heidnischen und christlichen Elementen ansehen wollen. Das berührt nicht die religiösen Sitten und Bräuche. Als Kult war das Heidentum abgeschafft; sicher gab es in Snorri Sturlusons Zeit niemanden mehr, der heimlich opferte. Aber der Gegensatz offenbart sich in der eigentlichen Lebensanschauung. Das alte heidnische Ideal des Stolzes, der Unabhängigkeit und des Selbstbewußtseins, das in der altisländischen Kultur eine so starke Rolle spielt, steht in scharfem Gegensatz zu der christlichen Lehre von der Unbedeutendheit und Verderbtheit des Menschen. Der alte Individualismus hielt sich zäh am Leben, aber durch die gesellschaftliche Entwicklung auf Island war ihm das notwendige Gegengewicht an Solidarität und sozialem Verantwortungsgefühl abhanden gekommen, und bei manchen Großen war er in völlige Rücksichtslosigkeit ausgeartet. Als man mit halbem Herzen die alten Wertnormen hatte fallen lassen, ohne sich noch die neuen des Christentums vollständig zu eigen gemacht zu haben, konnte es leicht zu einer Ziellosigkeit und Unsicherheit in der moralischen Wertung menschlichen Handelns kommen.

In einer solchen Atmosphäre wurden also die isländischen Familiensagas niedergeschrieben. Sie machen indessen nur einen Bruchteil der reichen literarischen Schöpfungen Islands im zwölften und dreizehnten Jahrhundert aus. Das nun folgende Kapitel soll einen Überblick über die Prosaliteratur der Zeit in ihrer Gesamtheit geben.

Übersicht über die Literatur Islands im zwölften und dreizehnten Jahrhundert

Um 1100 begann man auf Island, die Volkssprache für Aufzeichnungen zu verwenden. Mit Sicherheit geschah das im Winter 1117/18, in dem ein Teil der Gesetze niedergeschrieben wurde; zuvor war es ja Sache der Gesetzessprecher gewesen, sie im Gedächtnis zu bewahren. Die erste sogenannte grammatische Abhandlung, die gewöhnlich um 1150 angesetzt wird, bestätigt, daß zu diesem Zeitpunkt auch auf Island das Lesen und Schreiben üblich geworden war. Die Arbeit hebt besonders hervor, welche verschiedenen Literaturzweige damals schon auf isländisch gepflegt wurden: Gesetze, genealogische Aufzeichungen, Erklärungen zu den christlichen Glaubenssätzen, „die Lehre, die Ari Þorgilsson mit einsichtigem Verstand aufgezeichnet hat“, — d. h. also Aris historische Werke. Die Schreibkunst diente somit anfänglich der praktischen Anwendung, der Forschung und der Erbauung, nicht aber der Unterhaltung. Jedoch auch in diesen sachlichen Gattungen vermochte die isländische Prosa der Sagadichtung eine Menge Material und bestimmte Stilformen zu liefern.

In einem abgeschlossenen Bauernstaat wie dem mittelalterlichen Island sind die Familienüberlieferungen normalerweise sehr stark. Wahrscheinlich ist dieser Zug in einem Volk von Auswanderern besonders ausgeprägt gewesen, weil hier schon die Verpflanzung in ein neues Land das Interesse für die Beziehungen zwischen den Familien, für ihre Herkunft und ihre Ahnen angeregt haben kann. Zu Beginn des zwölften Jahrhunderts beschäftigte man sich auf Island mit genealogischen Aufzeichnungen. Zum Teil mochte diese Arbeit rein praktisch bedingt sein. In bestimmten rechtlichen Fragen, die die Familie betrafen — Buße für einen Totschlag, Erbrecht, Unterhaltsfragen u. ä. —, war das Vorhandensein von Geschlechtsregistern nahezu unerläßlich, da Verwandtschaft auch bis zu entfernten Gliedern hin zählte. Bekanntlich hat die isländische Saga von solchen Namenregistern reichlich Gebrauch gemacht. Oft mag das geschehen sein, um der Erzählung den Anstrich historischer Zuverlässigkeit zu verleihen, mitunter auch, um die Hauptgestalten der Saga mit stolzen Ahnen auszustatten. Ohne Frage stellen diese Stammtafeln für den modernen Leser eine schwer verdauliche Kost dar. Aber sie können nicht ohne weiteres fortretuschiert werden, da sie bei aufmerksamer Lektüre zuweilen den Schlüssel zur Stellung der erwähnten Personen in einem Konflikt liefern.

Eine besondere Bedeutung kommt den Genealogien der *Landnámabók* zu, die etwa vierhundert von den hervorragendsten Siedlern übers ganze Island hinweg aufzählt und berichtet, woher sie stammten, wo sie sich niederließen, mit wem sie verheiratet und wer ihre Nachkommen waren. Man weiß nicht viel darüber, wie dieses Buch entstanden ist. Offenbar aber liegt sein Anfang in eben jenen Genealogien aus der ersten Hälfte des zwölften Jahrhunderts. Die *Landnámabók* verweist im übrigen selbst auf Personen, die über Familien und über die Besiedlung in verschiedenen Teilen des Landes Auskunft gegeben haben. Es kann zu recht lapidaren und trockenen Aufzählungen von Personen- und Ortsnamen kommen. Immer wieder aber werden auch anschauliche Situationsbilder eingestreut, die mitunter die Gestalt scharf umrissener dramatischer Episoden im Sagastil annehmen können. Ein Abschnitt erzählt von einem Sohn, der sich der Wiederverheiratung seiner Mutter entgegenstellte, nachdem diese Witwe geworden war, und ihren Freier erschlug. Dessen Sohn überfiel dann seinerseits den Mörder seines Vaters und tötete ihn:

Þorgrímr gewann nach Óláfs Tod Áshildr lieb, aber Helgi mißbilligte das. Er lauerte Þorgrímr auf an einer Weggabelung unterhalb von Áshildarmýrr. Helgi bat ihn, seine Besuche zu unterlassen. Þorgrímr sagte, daß er kein Kind sei. Sie kämpften. Da fiel Þorgrímr. Áshildr fragte Helgi, wo er gewesen sei. Er sagte eine Strophe.

[In dieser Strophe berichtet Helgi triumphierend, die Schwertklingen hätten laut gesungen, er sei zum Angriff geschritten und habe Odin Þormóðs dreisten Sohn und dem Raben eine Leiche übergeben.]

Áshildr sagte, er habe sich seinen eigenen Tod erstritten. Helgi versuchte mit einem Schiff nach Einarshöfn zu kommen.

Hæringr, Þorgríms Sohn, war damals sechzehn Jahre alt; er ritt mit zwei Männern hinaus nach Höfði, um Teitr Gizurarson zu begegnen. Er und Teitr ritten fünfzehn Mann stark hin, um Helgi an der Fahrt zu hindern. Sie trafen sich auf Merkrhraun oberhalb von Mörk bei Helgahváll. Bei Helgi befanden sich zwei Mann; sie kamen von Eyrar. Da fielen Helgi und einer von seinen Männern und einer auf Teits Seite. Die Totschläge hoben sich gegeneinander auf.

Hier verdichtet sich die Schilderung um eine Strophe und um einen Unheil verheißenden lapidaren Ausspruch. Die *Landnáma* gibt sich in solchen Episoden noch lakonischer als die Familiensagas. Aber es ist offensichtlich, daß man schon in diesen groben Skizzen vieles von der Menschendarstellung der Saga im Kern vor sich hat.

Die *Landnámabók* läßt sich als eine primitive Form von Geschichtsschreibung betrachten. In einem so kleinen Volk wie dem isländischen kommt natürlich dem einzelnen größeres Gewicht zu als anderswo; die Geschichte des Landes ist untrennbar mit den Schicksalen seiner einzelnen Einwohner verbunden.

Es gab jedoch schon frühzeitig isländische Gelehrte, die aus der bunten Fülle der einzelnen Gestalten die großen Linien in der Geschichte des Volkes hervorzuheben und damit das Fundament für eine isländische Geschichtsschreibung im eigentlichen Sinne zu legen versuchten.

Islands erster Geschichtsschreiber ist Sæmundr inn fróði Sigfússon (1056—1133). In seiner Jugend studierte er in Paris und ist, soweit man weiß, der erste Mann aus dem Norden, der dort seine Ausbildung empfangen hat. Nach seiner Rückkehr ließ er sich als Priester auf seinem Familienhof Oddi im Südland nieder. Die Überlieferung des Volkes sah in Sæmundr bald so etwas wie einen Zauberer, der in der weißen Magie bewandert war. Es gibt auch einen reichen Kranz von Geschichten über ihn; die meisten laufen darauf hinaus, daß er über den Teufel Gewalt gewonnen und den Bösen zu verschiedenen Dienstleistungen habe zwingen können.

Sæmunds Werk ist verlorengegangen, aber mit Hilfe späterer Quellen läßt sich einiges darüber erschließen. Allem Anschein nach ist es eine Chronik gewesen, die in der Hauptsache norwegische Könige behandelte, zugleich aber die wichtigsten Ereignisse auf Island festhielt. Seine Arbeit ist aller Wahrscheinlichkeit nach in Latein abgefaßt gewesen, da Snorri Sturluson direkt mitteilt, Ari sei der erste gewesen, der Geschichte in der Sprache der Insel aufgezeichnet habe.

Ari inn fróði Þorgilsson (1076/68—1148) gehörte, wie auch Sæmundr, zu einer der angesehensten Familien Islands; nach der von ihm selbst mitgeteilten Stammtafel war er mit dem norwegischen Königshaus verwandt.

Von Aris Werken ist die *Íslendingabók* bewahrt, eine knapp gehaltene Geschichte Islands von der frühesten Besiedlungszeit an bis etwa 1120. Die Darstellung dieser kleinen Arbeit — im Druck kaum zwanzig Seiten — ist konzentriert und sachlich, ohne die anschaulichen Szenen und die lebendigen Dialoge der Saga. Während die Sagas das Schicksal des einzelnen schildern, interessiert Ari sich vor allem für die Chronologie, die Entwicklung der Verfassung und das Wachsen der Kirche. Die Zeitrechnung bestimmt er nach den Perioden der Gesetzessprecher; er gibt an, wie lange jeder von ihnen sein Amt ausübte.

Aris einzige Quelle war die mündliche Überlieferung. Er hat sie jedoch mit kritischer Vorsicht verwertet; zur Sicherheit gibt er regelmäßig seine Gewährsleute an. In mehreren Fällen ist er in der Lage, die Überlieferung bis ins zehnte Jahrhundert zurückzuverfolgen. Als kenntnisreich und zuverlässig in seinen Angaben lobt Ari so etwa Þurídr Snorradóttir, die 1113 im achtundachtzigsten Lebensjahr starb. Es ist unbestreitbar, daß diese alte Frau einen Großteil ihres Wissens direkt von Menschen bezogen haben kann, die im zehnten Jahrhundert gelebt haben.

Als Beispiel für Aris Darstellung soll hier der Abschnitt zitiert werden, der die Besiedlung Grönlands behandelt:

Das Land, das Grönland heißt, wurde von Island aus entdeckt und besiedelt.

Eiríkr der Rote hieß ein Mann aus dem Breiðafjord, der von hier aus dorthin fuhr und an jener Stelle Land in Besitz nahm, die seitdem Eiríksfjord heißt. Er gab dem Land den Namen und nannte es Grönland, denn er glaubte, die Leute würden Lust bekommen, dorthin zu fahren, wenn das Land einen guten Namen hätte. Sie fanden dort im Osten und im Westen des Landes Spuren menschlicher Wohnungen und Reste von Kajaks und steinerne Werkzeuge, woraus man sehen kann, daß da der gleiche Volksstamm gewohnt hat, der Vinland besiedelte und den die Grönländer Skrälinge nennen. Eiríkr der Rote begann das Land zu besiedeln, vierzehn oder fünfzehn Jahre bevor das Christentum hier auf Island eingeführt wurde, nach dem zu urteilen, was ein Mann, der selbst mit Eiríkr dem Roten hinausgezogen war, dem Þorkell Gellisson auf Grönland berichtet hat.

Die isländische Geschichtsschreibung im Mittelalter gipfelte in Snorri Sturluson (1179—1241). Wir haben ihn schon als einen der führenden Männer in den bewegten politischen Geschehnissen der Sturlungazeit kennengelernt. Seine bleibende Leistung indessen liegt bekanntlich auf literarischem Gebiet.

In seinem großen Werk, das nach seinen ersten Worten später *Heimskringla* („Kringla heimsins" = „Erdkreis"; lat. „orbis terrarum") genannt worden ist, stellt Snorri die norwegische Geschichte bis zu König Sverre (1177) dar; der erste Teil der Arbeit, die *Ynglinga saga*, die sich im wesentlichen auf das norwegische Lied *Ynglingatal* aus dem zehnten Jahrhundert stützt, handelt indessen zumeist von schwedischen Sagenkönigen.

Snorri hatte teilweise geschriebene Quellen und Vorlagen zur Verfügung. So lag etwa zu seiner Zeit schon eine Biographie über König Sverre von dem isländischen Abt Karl Jónsson (gestorben 1213) vor. Die Viten Olaf Tryggvasons und Olaf Haraldssons waren schon zuvor von isländischen Chronisten in besonderen Werken aufgezeichnet worden. Unter anderem hatten die Klosterbrüder Oddr Snorrason (letzte Hälfte des zwölften Jahrhunderts) und Gunnlaugr Leifsson (gestorben 1218/19) den Missionskönig Olaf Tryggvason in lateinischen Arbeiten dargestellt, die bald ins Isländische übersetzt worden waren. Im Prolog zur *Heimskringla* zollt Snorri auch seinem Vorgänger Ari ob dessen gediegener Kenntnisse von „alten Geschehnissen, hier und im Ausland“, hohes Lob.

Die gleiche Vorrede enthält eine Betrachtung über den Wert der alten Skaldenlieder als historische Quelle. Snorri spricht von Hofskalden schon in der Zeit Harald Schönhaars:

> Bei Harald waren Skalden, und noch immer kennt man deren Lieder und auch Lieder über alle die Könige, die seitdem in Norwegen geherrscht haben. Und von diesen messen wir die größte Bedeutung dem bei, was in jenen Liedern gesagt wird, die vor den Fürsten selbst und deren Söhnen vorgetragen wurden. Wir halten all das für wahr, was sich in diesen Liedern über ihre Kriegszüge und Schlachten findet. Es ist zwar die Art der Skalden, den am höchsten zu preisen, vor dem sie gerade stehen. Niemand aber würde es wagen, ihm vor seinem Angesicht Taten zuzuschreiben, von denen alle Zuhörer ebenso wie er selbst wußten, daß sie Erdichtung und Lüge waren. Das wäre Hohn und kein Preis.

Der Geschichtsschreiber Snorri arbeitet also mehr oder weniger als Wissenschaftler, studiert die Werke seiner Vorgänger, trägt von allen Seiten Material zusammen und übt eine gewisse Quellenkritik. Dieses Streben nach historischer Wahrheit indessen geht bei ihm Hand in Hand mit der Freude an der rein künstlerischen Gestaltung des Stoffes. Viele Episoden aus der alten Geschichte des Nordens — mögen sie nun „geschichtlich“ sein oder nicht — haben in Snorris kraftvoll gestaltender Prosa eine klassisch vollendete Form erhalten. Es mag hier genügen, an die dramatische Darstellung der Schlacht von Svolder zu erinnern, oder an die Strafrede des Gesetzessprechers *(lögmaðr)* Þorgnýr vor dem Skautenkönig Óláfr auf dem Sveating in Uppsala. Gerade die häufig eingeschobenen Reden bilden oft Höhepunkte der Darstellung; ein weiteres Beispiel dafür ist Einars von Þverá schon zitierte Antwort auf Olaf Haraldssons Wunsch, Herrscher über die Isländer zu werden (vgl. oben S. 32). In diesem Punkte kann Snorri manches aus Karl Jónssons eben erwähnter Arbeit über König Sverre gelernt haben.

In ihrer reichlichen Verwendung der direkten Rede — die natürlich nicht exakt historisch sein kann, sondern ein künstlerisches Mittel ist —, in ihrem Interesse an der individuellen Eigenart ihrer Gestalten, in ihrer plastischen Darstellung überhaupt gleichen Snorris Königsgeschichten den besten Familiensagas. Nach dem Urteil des größten heutigen Snorri-Kenners, seines Landsmannes Sigurður Nordal, soll Snorri im übrigen auch der Verfasser der *Egils saga* sein, eine Hypothese, die jüngst mit neuen, gewichtigen Argumenten untermauert worden ist. Er hätte dann einen recht unmittelbaren Anteil an der Ausgestaltung des klassischen Sagastils gehabt.

Auf alle Fälle war Snorri Sturluson zu seiner Zeit die Hauptgestalt im literarischen Leben Islands. Außer mit der *Heimskringla* ist sein Name vor allem mit der *Edda* verknüpft. Dieses Werk ist, wie der Verfasser selbst angibt, zunächst als ein poetisches Lehrbuch für junge Skalden gedacht. Im Laufe des zwölften Jahrhunderts war die alte Skaldendichtung in eine Krise geraten. Sie mußte nach zwei Seiten hin um ihre Existenz kämpfen: einerseits gegen die Männer der Kirche, die mit Mißtrauen auf die gesamte heidnische Mythologie blickten, welche sich in den Kenningen offenbarte, jener für die Skaldensprache typischen Form von Umschreibungen und Bildern; anderseits gegen die modernen einfachen und eingängigen Tanzlieder, die die Menschen bedeutend leichter für sich einnahmen und sie die exklusive Kunst der alten Skalden vergessen ließen. Man muß auch einräumen, daß die Skaldendichtung mit ihrer eigenartigen Bildersprache, ihrer komplizierten Wortstellung und ihren strengen metrischen Prinzipien eine ausgesprochen schwerverdauliche geistige Nahrung sein konnte. Sogar die Fürsten, zu deren Ehre diese Skaldenlieder oft gedichtet worden waren, wurden schließlich dieser herben, unzugänglichen Kunst müde und zogen leichtere Unterhaltung vor.

Snorris *Edda* besteht aus vier Teilen: *Prologus, Gylfaginning, Skáldskaparmál, Háttatal.* Unter ihnen gilt der letzte heute als der zuerst geschriebene. Als Snorri von seinem Besuch beim norwegischen König Hákon Hákonarson und Jarl Skule im Jahre 1220 zurückgekehrt war, verfaßte er auf diese beiden ein Gedicht, das im Winter 1222/23 fertig war. Der Inhalt des Liedes ist wenig bemerkenswert; um so beachtlicher aber ist seine Form, denn es besteht aus hundertundzwei Strophen in hundert verschiedenen Versmaßen. Das Gedicht als solches, das den treffenden Namen *Háttatal* („Strophenverzeichnis“) erhielt, ist also eine Art praktischer Verslehre. Aber Snorri durchsetzte es ferner mit einem reichhaltigen Metrikkommentar in Prosa.

Die Kunst der Skalden lag indessen nicht zuletzt in der Handhabung der speziell dichterischen Wörter, der sogenannten *heiti,* und der Kenninge. Snorri sammelte deshalb zahlreiche Beispiele für diese Schmuckmittel und ordnete sie systematisch. Er illustrierte seine Darstellung mit alter authentischer Skaldenpoesie, die zum großen Teil nur auf Grund seines Interesses erhalten geblieben ist. Viele der Kenninge erforderten eine nähere Erklärung. Warum etwa heißt solche Skaldenkunst „Suttungs Met“, „Kvasis Blut“ oder „Zwergentrank“? Das muß unverstanden bleiben, wenn man nicht die Erzählungen kennt, die diesen Umschreibungen zu Grunde liegen. So kam es, daß Snorri in der *Skáldskaparmál* („Dichtersprache") eine Menge alter Sagen von Göttern, Riesen, Zwergen und Helden wiedergab: wie Odin zu Suttungs Met kam, wie die Mägde Fenja und Menja in der Mühle Grótti Gold für König Fróði mahlten, wie Rolf Krake in der Fyrisebene Gold ausstreute usw.

In der *Gylfaginning* („Gylfis Betörung") wird ein zusammengefaßter Überblick über die gesamte altnordische Mythologie gegeben. Auch dieser Abschnitt ist wohl vor allem darauf angelegt gewesen, der zeitgenössischen Skaldenkunst zu dienen, wenngleich er für die Nachwelt eine völlig andere Bedeutung erlangt hat. Zunächst hatte Snorri in seinem *Prologus,* der gelehrten Betrachtungsweise seiner Zeit entsprechend, die nordischen Asen als eigentliche Menschen dargestellt, als ausgewanderte Nachkommen der Könige von Troja. Diese ihre Herkunft stützt der Verfasser unter anderm durch eine Reihe seltsamer Etymologien. Die Bezeichnung *Asen* selbst etwa hält Snorri für abgeleitet von *Asien; Sif,* der Name von Thors Frau, ist für ihn dasselbe wie *Sibylla* usw. So läßt Snorri in der *Gylfaginning* den weisen König Gylfi in Svithjod sich nach Ásgarðr begeben, um die Asen zu fragen, woher sie ihre Macht erhalten hätten. Die zauberkundigen Asen aber täuschen ihn mit Trugbildern. Gylfi, der sich hier Gangleri nennt, wird einer heidnischen Trinität gegenübergestellt, *Hár, Jafnhár* und *Þriði* (Hoch, Gleichhoch und Dritter), die er über die Entstehung der Welt, über die Götter und den Weltuntergang ausfragt. In ihren Mund nun hat Snorri solche klassischen Erzählungen gelegt wie die von Thors Zug zu Útgarða-Loki oder von Balders Tod. Schließlich weicht die Verzauberung von Gylfi:

Da hörte Gangleri einen starken Ton aus allen Richtungen und blickte zur Seite. Und als er sich näher umsah, da stand er draußen auf dem freien Feld, sah kein Schloß und keine Burg mehr. Da zog er seines Wegs und kehrte in sein Reich zurück und berichtete von allem, was er gesehen und gehört hatte, und nach seinen Worten erzählte man es sich allerwege. Aber die Asen ließen sich zur Beratung nieder und riefen sich ins Gedächtnis zurück alles, was sie ihm erzählt hatten, und legten die zuvor verwendeten Namen jenen Menschen und Orten bei, die es da gab, auf daß man, wenn eine längere Zeit verflossen wäre, nicht in Zweifel zöge, daß alle die nur Asen wären, von denen zuvor erzählt worden war, wie auch diese, die nun den gleichen Namen empfangen hatten.

Die alten heidnischen Mythen werden also von Snorri als ein Blendwerk, als Gaukelspiel gewissenloser Zauberkünstler dargestellt, die sich damit göttliche Macht und Verehrung anmaßen wollten. Der Verfasser der *Gylfaginning* war ja selbst ein Christ; die Rahmenerzählung wie auch der Prolog geben seiner Anschauung von der Asenlehre als einem heidnischen Wahn Ausdruck. Die religionsgeschichtliche Forschung muß deshalb Snorris Werk kritisch benutzen. Man darf nicht vergessen, daß Island schon über zweihundert Jahre lang bekehrt war, als er daran ging, die alte Mythologie in seiner Darstellung zusammenzufassen. Aber trotz der schwer zu bestimmenden Fehlerquellen ist sein Werk für unsere Kenntnis nordischen Heidenglaubens unentbehrlich. Wie Snorri die Anwendung von Kenningen durch zahlreiche Beispiele aus älterer und neuerer Skaldendichtung illustriert, so untermauert er seine Darstellung der Mythologie mit zahlreichen Strophen aus alten Liedern wie etwa der *Völuspá*. Gewiß hat Snorri daran mitgewirkt, die Gedichte zu sammeln, die heute unter dem Namen der Liederedda laufen.

Snorris *Edda* war, wie gesagt, vor allem als eine Anleitung für Skalden gedacht. Tatsächlich erlebte die Skaldendichtung im dreizehnten Jahrhundert auch eine Renaissance. Aber das Werk ist wohl ebenfalls für die Sagaliteratur nicht ohne jede Bedeutung gewesen. Die in großer Zahl eingefügten Skaldenstrophen sind für die Familiensagas charakteristisch. Mitunter, wenn die Hauptgestalt ein Skalde ist, scheinen sie geradezu den Kern gebildet zu haben, aus dem die Erzählung hervorgewachsen ist. Gelegentlich dienen die Strophen als eine Art Bekräftigung des Wahrheitsgehalts einer Saga. Später verfiel man auch darauf, den Sagagestalten fingierte, „unechte" Strophen in den Mund zu legen. Snorris Arbeit dürfte das Interesse und die Kenntnis hinsichtlich der gewaltigen Flora von „*lausavísur*" angeregt haben, d. h. von alleinstehenden Strophen, die an irgendeine bestimmte Situation oder Episode anknüpfen.

Die gelehrten Männer Islands widmeten sich indessen nicht nur der Geschichtsschreibung und verwandten Forschungszweigen. In der ersten Hälfte des zwölften Jahrhunderts war man eifrig darum bemüht, ein für die isländische Sprache geeignetes Schriftzeichensystem zu erfinden. Ein unbekannter Gelehrter hat eine Arbeit zu diesem Thema zusammengestellt, die gewöhnlich die erste grammatische Abhandlung genannt wird. Der Verfasser legt ein ungemein scharfes Beobachtungsvermögen an den Tag, und es ist ihm gelungen, ein System zu Stande zu bringen, das hohen Anforderungen gerecht wird. Es hat den Anschein, als ob er seine Ausbildung in England oder Frankreich erhalten hätte, und er zeigt sich im Latein gut bewandert. Um so bemerkenswerter ist es, daß er nicht davor zurückschreckt, die schweren theoretischen Untersuchungen in seiner Muttersprache darzulegen. Dies ist ein schönes Beispiel für die Selbständigkeit, mit der die isländischen

Kulturträger jener Zeit sich der allgemeineuropäischen Gelehrsamkeit bedienen konnten.

Wissenschaftliches Interesse und Schrifttum auf Island beschränkten sich keineswegs auf den rein humanistischen Bereich. Auch über Mathematik, Astronomie und Kalenderwesen gibt es Abhandlungen auf isländisch. Die älteste von ihnen — sie stammt aus dem zwölften Jahrhundert — teilt u. a. eine Anzahl Beobachtungen über die Sonnenbahn mit, die einem Manne namens Stjörnu-Oddi („Stern-Oddi") zugeschrieben werden. Spätere Forscher haben gezeigt, daß Oddi, wiewohl er kaum Instrumente irgendeiner Art gehabt haben kann, erstaunlich genaue Beobachtungen gemacht hat, ohne den Irrtümern anheimzufallen, die zu jener Zeit draußen in der Welt im Schwange waren.

Die isländischen Familiensagas sind also in einer Periode stark verzweigter literarischer Tätigkeit im Island des zwölften und dreizehnten Jahrhunderts aufgezeichnet worden. Als Gattung standen diese Sagas auch nicht völlig isoliert da. Sie berührten sich mehr oder weniger mit anderen epischen Formen, die ebenfalls mit dem Ausdruck *saga* bezeichnet wurden. Die Königssagas sind schon erwähnt worden. Sie handelten von Königen und Fürsten, in erster Linie den norwegischen, dann aber auch von den Jarls der Orkneys und von den dänischen Königen. Mit Snorri Sturlusons *Heimskringla* erreichte diese Geschichtsschreibung ihren Höhepunkt. Als isländische zeitgenössische Sagas hat man die Biographien über geistliche und weltliche Obere auf Island während der literarischen Zeit bezeichnet. Sie sind im wesentlichen von Männern geschrieben, die die dargestellten Personen selbst gekannt haben und bei den Ereignissen mit dabeigewesen sind, die geschildert werden, oder doch wenigstens zu Augenzeugen in Beziehung standen. Hierher gehört das Sammelwerk der *Sturlunga,* die oben zur Charakteristik der isländischen Gesellschaft im dreizehnten Jahrhundert herangezogen wurde. Auch eine Reihe Monographien über isländische Bischöfe wäre hier zu nennen. Diese tragen des öfteren das deutliche Kolorit der internationalen religiösen Literatur ihrer Zeit.

Wenn die Königssagas und die isländischen zeitgenössischen Sagas im Prinzip historisch sind, so ist bei den sogenannten Vorzeitsagas — *fornaldarsögur* — das Gegenteil der Fall. Die letzteren werden zuweilen als *fornaldar sögur Norðrlanda* bezeichnet im Unterschied zu den *fornsögur Suðrlanda* oder *riddara sögur,* Übersetzungen und Bearbeitungen aus dem Ausland übernommener Sagenstoffe, im allgemeinen europäischer Ritterromane. (Vgl. S. 163 oben.) Das Geschehen der Vorzeitsagas ist in die Zeit vor Harald Schönhaar und die Besiedlung Islands verlegt, in eine Periode also, die vor derjenigen der Familiensagas liegt. Sie spielen sich stets außerhalb Islands ab und erheben keinen Anspruch darauf, den historischen Fakten zu entsprechen. Mögen manche Züge darin auch authentisch sein, so handelt es sich im großen und ganzen bei ihnen jedoch um Dichtung, die zur Unterhaltung bestimmt war. Vorzeitsagas hat es in mündlicher Gestalt schon im frühen zwölften Jahrhundert gegeben. Aufgezeichnet aber scheint man solche Sagas erst im dreizehnten Jahrhundert zu haben, besonders in seiner zweiten Hälfte, als die andere solidere und angesehenere Sagaliteratur bereits im Schwinden begriffen war. Später fuhr man jedoch mit der Abfassung von Vorzeitsagas fort, nachdem man aufgehört hatte, Sagas der zuvor genannten Art zu schreiben.

Auf welchem Punkt einer Verbindungslinie zwischen den beiden Extremen der wirklich historischen Tatsachen und der reinen Erfindung die Familiensagas anzusiedeln sind, ob sie also unter diesem speziellen Aspekt näher bei einem Werk wie der *Sturlunga* oder dichter bei den Vorzeitsagas stehen, das ist ein vielerörtertes, aber schwer zu lösendes Problem. Eng verknüpft mit ihm ist die Frage nach der Bedeutung der mündlichen Überlieferung und der schriftlichen Verfasserschaft der Familiensagas. Diese Fragen sind von so großem allgemeinem und prinzipiellem Interesse, daß sie im folgenden Kapitel besonders erörtert werden sollen.

Die außerordentliche literarische Kraftentfaltung im mittelalterlichen Island ist oft als ein kleines Wunder bezeichnet worden. Diese beachtliche Leistung wurde von einem Volk vollbracht, das aus kaum mehr als sechzig- oder siebzigtausend Menschen bestand und das im großen und ganzen unter kärglichen äußeren Verhältnissen gelebt haben muß. Die literarische Genialität dieser Isländer, die Qualität ihrer Leistungen läßt sich natürlich niemals ganz erklären. Sie wird ein „Wunder" bleiben. Aber die Sache hat auch eine quantitative und eher meßbare Seite, wie Sigurður Nordal in einem interessanten Aufsatz dargelegt hat.

Es muß auf Island eine recht ausgedehnte Schreibtätigkeit betrieben worden sein, nicht nur um Originale aufzuzeichnen, sondern vor allem, um diese zu vervielfältigen. Eine Reihe bekannterer und beliebterer Werke dürfte eine verhältnismäßig große „Auflagenhöhe" erzielt haben. So sind bis in unsere Zeit einundzwanzig Pergamenthandschriften der *Njáls saga,* dreizehn der *Egils saga Skalla-Grímssonar* erhalten. Nach sachkundiger Schätzung existieren heute noch etwa siebenhundert Kalbsfellhandschriften, die von Isländern vor Mitte des sechzehnten Jahrhunderts geschrieben worden sind. Allerdings bestehen verschiedene davon nur aus einem Fragment, möglicherweise aus einem einzigen Blatt; überhaupt ist ein vollständiger Codex eine Seltenheit. Alles deutet darauf hin, daß die alten Handschriften im Laufe der Jahrhunderte in großer Zahl verlorengegangen sind. Wie viele es gewesen sind, läßt sich nicht sagen. Aber nach bestimmten Kriterien darf man schließen, daß das, was wir heute in Händen haben, vielleicht wesentlich weniger als ein Zehntel des gesamten ursprünglichen Handschriftenbestandes darstellt. Alle diese Handschriften erforderten eine Menge Pergament. Für die berühmte *Flateyjarbók,* die zwischen 1380 und 1390 geschrieben wurde und beinahe vierhundert Folioseiten umfaßt, haben nach Nordals Schätzung einhundert Kälber ihr Fell lassen müssen. Man hat wirklich allen Grund zu fragen, wie ein verhältnismäßig armes Bauernvolk sich den Luxus leisten konnte, so viele Felle auf „unproduktive“ Zwecke zu verwenden. Aber die Landwirtschaft des mittelalterlichen Islands gründete sich völlig auf Viehzucht, und auf den größeren Höfen war der Rinderbestand recht ansehnlich. Dennoch hätte man es sich kaum leisten können, Kalbsfelle in größerem Ausmaße zu Pergament zu verarbeiten, wenn nicht die Häute, die sich für diesen Zweck am besten eigneten — die nämlich von Jungkälbern —, für eine andere Verwendung so gut wie wertlos gewesen wären. Aber auch die Arbeit der Pergamentzubereitung war ein wichtiger ökonomischer Faktor. Wie konnte man sich auf Island mit solcher Luxusproduktion abgeben? In gewisser Weise hing das mit der Eigenart der isländischen Landwirtschaft zusammen. Eine eigentliche Aussaat gab es nicht, weil man selten Getreide anbaute; infolgedessen war man im Herbst nicht mit Dreschen u. a. beschäftigt. Das Winterhalbjahr war lang und brachte reichlich Freizeit mit sich, zumindest für die Männer.

Wären die Isländer auf teuren Import des Pergaments angewiesen gewesen, dann wäre sicherlich manche Handschrift ungeschrieben geblieben. Der eigene Vorrat an Kalbsfellen und die zur Verfügung stehende Freizeit haben auf glückliche Weise die literarische Tätigkeit gefördert.

Mündliche Überlieferung und schriftliche Verfasserschaft, Geschichte und Dichtung in den Familiensagas

Man ist sich heute allgemein darüber einig, daß die geschriebenen Geschlechtssagas im wesentlichen dem dreizehnten Jahrhundert angehören. Der Gegenstand aber dieser umfänglichen Literatur war das isländische Leben in der sogenannten Sagazeit, d. h. in dem Jahrhundert von 930 an, wo das Allting eingerichtet wurde und der neue Staat als konstituiert angesehen werden konnte, bis etwa 1030, da das Christentum schon eine Generation lang offizielle Religion auf Island war. Stellt nun die Aufzeichnung der Sagas im dreizehnten Jahrhundert nur die endgültige Fixierung einer in der Hauptsache historischen Überlieferung dar, die zwei bis drei Jahrhunderte lang von Generation zu Generation die Erinnerung an Menschen und Begebenheiten der Sagazeit treu bewahrt hatte? Oder handelt es sich um reine Dichtung, um das Ergebnis eines freien Fabulierens der Verfasser über die Vergangenheit, das sich eventuell auf bestimmte geschichtliche Tatsachen stützt, besonders dann auf genealogische Aufzeichnungen und dergleichen aus dem zwölften Jahrhundert?

Unabhängig von diesem Gegensatz, aber doch nahe verwandt mit ihm ist ein anderer: der nämlich zwischen mündlicher Erzählkunst und schriftlicher Verfasserschaft. Ist die Saga, wie wir sie aus den Handschriften kennen, schon in der mündlichen Überlieferung — wie es die sogenannte Freiprosatheorie behauptet — endgültig ausgebildet, so wäre es nicht zulässig, die Aufzeichner als Verfasser zu bezeichnen; ihre Rolle würde sich dann ausschließlich auf die Niederschrift beschränken. Ist aber anderseits die Saga in der Hauptsache ein schriftstellerisches Produkt — wie es die sogenannte Buchprosatheorie darstellt —, muß sie als Schöpfung einer mächtigen literarischen Strömung im Island des dreizehnten Jahrhunderts betrachtet werden.

Die beiden hier skizzierten Probleme hängen, wie gesagt, eng miteinander zusammen. Die Forscher, die die Familiensagas als mehr oder weniger historisch ansehen, halten natürlich zugleich gern an der ausschlaggebenden Bedeutung der mündlichen Überlieferung auch für die eigentliche literarische Gestaltung fest. Diejenigen, die den historischen Wahrheitsgehalt der Sagas gering einschätzen, sind dagegen geneigt, sie als Erzeugnis schreibender Autoren anzusehen.

Es ist begreiflich, daß sich die Beschäftigung mit der isländischen Saga stark auf diese Fragen konzentriert hat. Ihre Lösung ist nicht nur für die Beurteilung der Sagas als literarische Gattung, als epische Kunst von Bedeutung. Sie ist auch ausschlaggebend dafür, welchen Wert man dieser Literatur als Quelle bei der Erforschung von älterem nordischem Brauchtum, von Ethik und Religion beizumessen hat.

Zwischen den Forschern hat ein tiefer Meinungsgegensatz bestanden. So lieferten sich nach 1910 die beiden Isländer Björn Magnússon Ólsen und Finnur Jónsson in einem wissenschaftlichen Waffengang über die *Gunnlaugs saga ormstungu* einen harten Kampf. Der erstere versuchte in einer Abhandlung zu beweisen, daß diese Saga das Werk eines literarisch gebildeten Verfassers sei, der sich unter anderm fleißig auf weitere, schon geschriebene Sagas gestützt habe. Finnur Jónsson behauptete in Übereinstimmung mit seiner Ganzheitsauffassung von der Sagaliteratur, die Hauptquelle sei ein mündlicher Bericht von weitgehender historischer Glaubwürdigkeit gewesen.

Jedoch haben diejenigen, die an der historischen Zuverlässigkeit und engen Abhängigkeit der Sagas von einer starken mündlichen Überlieferung festhalten, ihren Widersachern gegenüber von vornherein den schwierigeren Stand. Die Möglichkeiten, die Angaben einer Saga mit Hilfe anderer Quellen zu überprüfen, sind sehr beschränkt. Und ein Beispiel dafür, wie sie in ihrer vorgeblichen mündlichen Gestalt ausgesehen habe, kann aus naheliegenden Gründen niemals vorgelegt werden. Woran man sich letzten Endes allein halten kann, das sind eben ausschließlich die vorhandenen Handschriften, die geschriebene Sagaliteratur. Anderseits wird schon bei einer oberflächlichen Betrachtung deutlich, daß es sich bei den Sagas unmöglich um reine Romane ohne eine Spur von Geschichte und mündlicher Tradition handeln kann. Töricht ist es, wenn man, wie es ein dänischer Literaturwissenschaftler getan hat, auch die ausgedehnten Stammbäume, „die ja zu den wichtigsten Ornamenten der Sagas gehören“, zu den vollständig erdichteten Teilen stellen will. Da die verschiedenen Sagas sich teilweise mit den gleichen Personen befassen, müßte man solchenfalls damit rechnen, daß eine Reihe von Romanautoren sich auf einen gemeinsamen Personenbestand geeinigt und diese Fiktion dann mit unerschütterlicher Konsequenz durchgeführt hätte, — eine gewagte Hypothese!

Der am gründlichsten durchgeführte Versuch, die isländische Saga als Produkt einer langen und durch ungewöhnlich gutes Erinnerungsvermögen konservierten mündlichen Tradition hinzustellen, ist das Buch „Upphavet til den islendske ættesaga“ („Der Ursprung der isländischen Geschlechtssaga“; 1929) des Norwegers Knut Liestøl Er möchte die auf Island aufgezeichneten Sagas als Endphase einer reich entfalteten mündlichen Erzählkunst ansehen, die tief in der norwegischen Heimat der Auswanderer verwurzelt war. Liestøl sieht sich zwar zu der Feststellung genötigt, daß im norwegischen Mittelalter selbst Familienüberlieferungen von der Art der isländischen Saga ganz und gar fehlen. Er erinnert aber daran, daß gerade jene Teile Norwegens, aus denen die Siedler in der Hauptsache stammten, sich zu allen Zeiten durch ihren Reichtum an Dichtung und Erzählungen besonders ausgezeichnet hätten. Die Kunst der isländischen Sagas hätte also in vielem ihren Ursprung schon im norwegischen Mutterland.

Dem heutigen Menschen mag es zwar seltsam vorkommen, daß Erzählungen vom Umfang mehrerer hundert Druckseiten so gut wie wortgetreu von einer Generation zur nächsten im Gedächtnis bewahrt und überliefert sein sollen. In älteren Zeiten aber, als die Schrift noch unbekannt war oder nur von einigen wenigen beherrscht wurde, mußten die Umstände einer mündlichen Überlieferung wesentlich günstiger sein als in unseren Tagen. Man war ganz einfach gezwungen, Stoffe und Wendungen im Gedächtnis zu speichern, die man heute in Büchern nachschlägt. So mußte der isländische Gesetzessprecher ursprünglich während seiner dreijährigen Amtszeit das ganze Gesetz auf dem Allting vortragen. Schon der eigentliche Vorsatz selbst, etwas in Erinnerung zu behalten, muß früher das Gedächtnis auf ganz andere Weise geschult haben als jetzt, wo man so viele Möglichkeiten hat, es zu entlasten. Es leuchtet auch ein, daß sich die gedächtnismäßige

Konzentration in älteren, primitiveren und einheitlicheren Gesellschaften viel besser entwickeln konnte als in unserem modernen komplizierten Dasein mit seiner mächtigen täglichen Anhäufung neuen Stoffs durch Bücher, Zeitungen, Radio, Filme usw.

Aber es gab darüber hinaus vielleicht manche besonderen Voraussetzungen für eine zuverlässige mündliche Überlieferung in der alten isländischen Gesellschaft. Man begegnet in den Sagas häufig einer spürbaren Besorgtheit darum, daß ein bestimmtes Ereignis wirklich behalten und erzählt werden möchte. Eine Episode in der *Egils saga* schildert, wie Kveld-Úlfr und sein Sohn Skalla-Grímr mit ihren Männern eins von den Schiffen des Königs, das sie erbeutet haben, „säubern". Sie töten alle an Bord befindlichen Männer mit Ausnahme einiger weniger, die sie für die unbedeutendsten halten. Dafür müssen diese berichten, welche Männer auf dem Schiff gewesen seien und was für einen Auftrag sie gehabt hätten. Dann entläßt man sie mit der Anweisung, sich zum König zu begeben und ihm genau zu melden, wie es ihnen ergangen sei und welche Feinde die Tat vollbracht hätten. Der Gedanke an den Nachruhm kann für die Menschen der Saga einen gewaltigen Ansporn bedeuten, ihr Äußerstes zu leisten, nicht zuletzt auch in hoffnungslosen Situationen. Man kämpft rücksichtslos, bietet dem Schicksal trotzig die Stirn, damit die letzten Augenblicke zumindest etwas zu *erzählen* abgäben. Man sieht sich selbst sozusagen im Licht der Geschichte.

Offenbar kamen die Isländer schon früh in den Ruf, ein gutes Gedächtnis zu haben und in ihren Angaben über die Vergangenheit zuverlässig zu sein. Es ist kaum ein Zufall, daß sie nahezu eine Monopolstellung als Hofskalden der norwegischen Könige einnahmen. In diesem Amt wirkten sie praktisch als eine Art Geschichtsschreiber des Reiches, die in ihren Liedern ein Bild von der kriegerischen Aktivität des Herrschers entwarfen; so legt ja beispielsweise Snorri in seinen Königssagas großes Gewicht auf das Zeugnis der Skalden.

Der Saga nach erzählte ein junger Isländer bei Harald dem Harten vor dem König selbst die Geschichte seiner Züge ins Ausland. Harald zeigte sich stark beeindruckt davon, daß der ausführliche Bericht in all seinen Einzelheiten zutraf. Der Isländer aber sagte, er habe ihn zu Hause auf dem Allting von einem Landsmann übernommen, der selber im Gefolge des Königs gewesen sei. Gerade im Allting besaß das alte Island einen Mittelpunkt, der für die Verbreitung von Neuigkeiten offenbar ungemein viel bedeutet hat. Da trafen sich jeden Sommer Menschen aus allen Teilen des Landes. Für die meisten beanspruchte die Fahrt nach Þingvellir und zurück mehrere Tage, und man reiste teilweise in größeren Gruppen. In jedem Landstrich, den man auf der Fahrt berührte, bekam man neue Stellen zu sehen, die in der Überlieferung große Berühmtheit genossen. Die waldlose und weite Landschaft selbst, die freie Aussicht als solche, mag die Synthese erleichtert haben. Der Schauplatz einer oder sogar mehrerer Sagas konnte sich vor den Augen der Reisenden ausbreiten. Das half der Phantasie, in dem Geschehen eine Einheit zu erblicken. Manche von den denkwürdigen Ereignissen der Vergangenheit hatten sich auch auf Þingvellir selbst abgespielt. Viele Fäden der Überlieferung liefen dort zusammen. Sowohl die Reisen wie auch der Aufenthalt auf dem Ting selbst boten reichlich Gelegenheit zur *sagnaskemtan,* wie der isländische Ausdruck für eine Erzählung von wirklichen oder erdichteten Ereignissen lautet. Zu den beliebteren Teilen der Unterhaltung gehörten sicher die Berichte der Auslandsfahrer über ihre mehr oder weniger bemerkenswerten Erlebnisse; man hört zuweilen, daß sie gerade auf dem Allting Hörer um sich versammelten. Solche Episoden werden kaum ungewöhnlich gewesen sein. Die Isländer der Freistaatzeit scheinen im großen und ganzen ein unternehmungsfreudiges Volk gewesen zu sein. Auslandsreisen waren gang und gäbe. Man gewinnt aber auch den Eindruck, daß innerhalb des Landes ebenfalls ein lebhafter Verkehr herrschte. Von dem regen Austausch zwischen den verschiedenen Landesteilen in alter und neuer Zeit vermag unter anderem die Sprache zu zeugen, die praktisch gar keine dialektische Differenzierung kennt.

Die Fahrten und der unablässige Verkehr untereinander sind, zusammen mit der festen Verwurzelung in einem isolierten und spärlich besiedelten Land, Faktoren, die die Entstehung und Verbreitung der Familien- und Landeschroniken gefördert haben mögen. Aber man muß auch die eigentliche Struktur des kleinen isländischen Staatswesens in Betracht ziehen. In größeren Ländern mit einer stark zentralen Lenkung tritt der einzelne gegenüber der Masse oder unpersönlicheren und abstrakten Kräften stärker in den Hintergrund. Auf Island aber, das keine Landesregierung und keine Exekutive besaß, stehen die einzelnen Menschen so sehr im Vordergrund, daß man darüber kaum mehr die Einheit wahrzunehmen vermag. In diesem Staat, der eine Aristo-Demokratie genannt worden ist, saß jeder Großbauer wie ein kleiner König auf seinem oftmals sehr ausgedehnten Gebiet. Die Geschichte von ihm und seinesgleichen war zugleich die Geschichte Islands. Das muß das Selbstbewußtsein und das Interesse für das intensiviert haben, was die Überlieferung über die Leistungen des eigenen Geschlechts zu berichten wußte.

Hier sind einige der Gründe angeführt worden, die man gewöhnlich als Stütze für die Ansicht heranzieht, daß die isländischen Familiensagas auf einer mehrere hundert Jahre alten, verläßlichen mündlichen Überlieferung beruhen *könnten.* Positive Beweise stellen solche Überlegungen indessen nicht dar. Jedoch hat Liestøl in den geschriebenen Sagas selbst eine Reihe von charakteristischen Zügen hinsichtlich des Stils, des Aufbaus, der Motive und der Menschendarstellung gefunden, die seiner Ansicht nach dafür sprechen, daß diese Erzählungen ehemals ein langes Dasein in mündlicher Gestalt geführt haben. Auf Grund seiner Analysen kommt er zu dem Schluß, daß nicht nur der Inhalt einer Saga sondern auch ihre sprachliche Form schon in der mündlichen Überlieferung ziemlich fest sein und daß diese mündliche Form sozusagen wortgetreu aufs Pergament übergehen konnte. Liestøls Argumentation befaßt sich viel mit allgemeinen Erwägungen und läßt mitunter erkennen, daß er von vornherein das voraussetzt, was bewiesen werden sollte.

Der einheitliche Stil ist ein Zug, der bei den isländischen Sagas stark ins Auge fällt. Sobald die gleichen oder ähnliche Situationen wiederkehren, wird oft dieselbe Wendung wiederholt. „Þorsteinn hieß ein Mann", — diese Formel leitet viele Sagas ein, und mit ihr wird in der Regel eine neue Gestalt eingeführt. Und wenn es über sie nichts mehr zu sagen gibt, wird sie gern ausdrücklich mit der Formel verabschiedet: „Und nun ist er aus der Saga hinaus" oder ähnlich. Wenn die Handlung zu etwas Neuem überwechselt oder die Saga einen anderen Faden aufgreift, wird man darauf mit einer stehenden Wendung vorbereitet, etwa: „Nun ist von Þorgeirr Otkelsson zu berichten." Übrigens sind es nicht nur die allergewöhnlichsten Situationen, die in einer solchen Formelsprache eingeleitet werden, sondern auch andere, die nicht so häufig wiederkehren. All das sieht Liestøl als eine natürliche Folge eben der mündlichen Überlieferung an. Beim Schreiben versucht man in der Regel, den Ausdruck zu wechseln. Die mündliche Erzählung dagegen hat die Neigung, zu den gleichen Worten zu greifen, wenn sie gleiche oder ähnliche Begebenheiten darstellt. Die oftmals verwandten Motive der Sagas färben in rein sprachlicher Hinsicht aufeinander ab. Das ist ein Grundsatz, der für jede alte mündliche Überlieferung gilt. Volkslied, Sage und Märchen haben jeweils ihren unverwechselbaren und etwas monotonen Stil, mit stehenden Wendungen für übereinstimmende oder ähnliche Situationen.

Die übereinstimmenden Züge des Sagastils aber beruhen nicht allein darauf, daß mehrere Erzählungen der gleichen Art im Gedächtnis des einzelnen Sagaerzählers leben und da ihre Farben austauschen. Sie sind nach Liestøl auch eine Folge davon, daß einer nach dem andern die gleiche Sache erzählt. Die Reihe der Sagamänner läßt sozusagen die Eigenarten des einzelnen schwinden; die individuelle Note, die ihr Vortrag gehabt haben mag, wird im Laufe der fortschreitenden Überlieferung wiederum abgeschliffen. Eine Stilform aus einem Guß bildet sich heraus, in der alle sich zurechtfinden können und die als normal und geeignet für diese Art Erzählungen empfunden wird, unter anderm deshalb, weil sie in gewissem Ausmaß aus der Sprache des Volkes hervorgegangen ist. Selbst die berühmte objektive Prägung der isländischen Saga will Liestøl zum Teil auf diesen stark abgeschliffenen Stil zurückführen, der einer unpersönlichen oder kollektiven Anschauungsweise Ausdruck verleiht.

Auch andere Eigenarten des Sagastils gibt es, die sich nach Liestøl aus dem mündlichen Vortrag herleiten lassen. Er denkt dabei nicht in erster Linie an die übersichtliche Verbindung der Sätze anstelle eines komplizierteren Satzgefüges mit eingeschobenen Nebensätzen und dergleichen, an die natürliche Wortstellung und den gesamten Rhythmus, der am besten zur Geltung kommt, wenn man die Sagas laut liest. So etwas kann auch ein schreibender Autor anstreben. Vieles aber von dem, was in der Sprache der Saga roh und zusammenhanglos wirkt, lasse sich am leichtesten als Niederschlag mündlicher Ausdrucksweise erklären. Nicht selten bricht die Saga eine Konstruktion ab und wechselt — im Widerspruch zu dem, was die grammatikalische Logik verlangt — zu einer andern über. Direkte und indirekte Rede können unvermittelt ineinander übergehen. Das Tempus der Erzählung wechselt anscheinend wahllos zwischen Präsens und Imperfekt, nicht selten in ein und demselben Satz. Unebenheiten dieser Art wirken in einem schriftlichen Opus störend, bei einem lebendigen mündlichen Vortrag aber wird der Sinn sofort klarer.

Die Merkmale des Sagastils, die Liestøl als Kriterien einer langen mündlichen Überlieferung interpretiert, sind indessen kaum so eindeutig. Sie scheinen nicht direkt dagegen zu sprechen, daß es sich bei den Sagas um eine rein schriftstellerische Leistung handeln könnte. Denn wenn man zum erstenmal damit beginnt, die Volkssprache für schriftliche Prosawerke zu verwenden, ist es sehr einleuchtend, daß die entstehenden Werke eine Menge typischer Züge der gesprochenen Sprache aufweisen, denn diese ist in solcher Situation das einzige einheimische Vorbild, das zur Verfügung steht.

Um zu illustrieren, wie die mündliche Überlieferung einen historischen Stoff allmählich formt, stellt Liestøl einen Vergleich zwischen den Familiensagas einerseits und der *Sturlunga saga* anderseits an. Letztere ist genau wie die Familiensagas im dreizehnten Jahrhundert aufgezeichnet, stellt aber keine zwei- bis dreihundert Jahre zurückliegenden Ereignisse dar, sondern ist eine breit angelegte

Chronik der isländischen Geschichte im zwölften und dreizehnten Jahrhundert. Nach Liestøl ist es offensichtlich, daß auch die *Sturlunga* den klassischen Sagastil anstrebt. Aber gleichzeitig sei es bezeichnend, daß sie bei ihrem zeitlich näherliegenden Stoff eine so chaotische Fülle von Details beibringe und völlig die Vereinfachung, den Aufbau und die künstlerische Durcharbeitung überhaupt vermissen lasse, die im großen und ganzen die Familiensagas auszeichnen. Die *Sturlunga* zeige die historische Überlieferung in einem noch rohen Zustand, wie er sich darbiete, bevor noch die sogenannten epischen Gesetze ihre Wirkung hätten ausüben können. Dieser Unterschied — zuvor schon munter und beredt von Hans E. Kinck dargestellt — ist fein und richtig beobachtet, aber der Schluß, den Liestøl daraus zieht, ist übereilt. Die Verschiedenheit darf nicht ohne weiteres als eine Bestätigung für die Auswirkung der mündlichen Tradition interpretiert werden. Denn natürlich bildet sich nicht nur eine mündliche Erzählung über bezeugte Menschen und Begebenheiten allmählich in Übereinstimmung mit gewissen künstlerischen Regeln aus; auch wenn die Saga das Werk eines schreibenden und fabulierenden Autors wäre, würde dieser seinen Stoff nach ähnlichen Gesichtspunkten gestalten.

Anderseits muß man einräumen, daß die Familiensaga mitunter eine Menge Stoff mitschleppt, der eher wie ein Überrest einer geschichtlichen Überlieferung wirkt denn wie die Leistung eines schöpferischen Dichters. So finden sich Namenlisten und Episoden, die, wenigstens in den Augen des heutigen Lesers, unnotwendig viel Platz beanspruchen und nur belastend wirken. Sie sprechen nicht für eine durchgehende künstlerische Ökonomie im gewöhnlichen Sinne, doch kann man sich vorstellen, daß sie als eine Erinnerung an die bunte Stoffülle des Lebens selbst stehengeblieben sind. Selbst wenn es sich so verhielte, weiß man dennoch nach wie vor genau so wenig darüber, ein wie großes Gewicht das Historische für die Saga als Ganzes besitzt und eine wie feste Gestalt es in der mündlichen Überlieferung gehabt hat.

Ähnliche Einwände lassen sich gegen weitere Argumente der „Freiprosatheorie" erheben. Man hat beispielsweise darauf hingewiesen, daß die Sagas selbst immer wieder angeben, die Neuigkeiten hätten sich eilends weitumher verbreitet, jemand habe vor einem Zuhörerkreis von einem bemerkenswerten Ereignis erzählt, bei dem er selbst dabeigewesen sei, oder daß jemand sich eingehend danach erkundigt, wie es bei einer bestimmten Begebenheit zugegangen sei. In solchen Angaben scheint man ein Anzeichen dafür sehen zu wollen, daß die Sagas praktisch gleichzeitig mit dem Geschehen, das sie schildern, Gestalt anzunehmen begannen. Aber auf diese Weise haben ja Menschen zu allen Zeiten von ihren Erlebnissen erzählt und tun es noch heute, ohne daß deshalb irgendwelche „Sagas" aus diesem Samen hervorwachsen. Wenn man in den Sagas ständig auf Wendungen stößt wie „man sagt", „man erzählt", „nach Aussage der meisten" u. ä., so deuten nach Liestøl diese Hinweise direkt auf die mündliche Überlieferung hin. Zwar leuchte es ein, daß solche Formulierungen mit der Zeit eine Manier geworden seien, ein Bestandteil der Erzähltechnik. Daß sie aber so reichlich auftreten, deute darauf hin, daß sie tief in der Vergangenheit wurzelten. Aber auch hier erhebt sich der Einwand, daß man jedenfalls nicht die geringste Vorstellung davon hat, einen wie großen Anteil diese mündliche Überlieferung am Inhalt und an der Form der geschriebenen Sagas gehabt haben mag.

Bekanntlich spielt der Dialog in der Familiensaga eine so außerordentlich große Rolle, daß die Erzählung über weite Abschnitte hinweg einen rein dramatischen Charakter annehmen kann. Gestützt auf Beispiele aus anderer mündlicher Tradition, behauptet Liestøl, daß einem der Dialog schon in zeitgenössischen Darstellungen historischer Ereignisse begegnen könne. Er räumt indessen ein, daß nicht wenige von den Gesprächen der Sagas erdichtet sein müssen. So werden mitunter heimliche Gespräche zwischen zwei Personen wiedergegeben; in Wirklichkeit hat niemand erfahren können, was bei der Gelegenheit gesprochen wurde. Mitunter kann eine Aussage völlig unnotwendig eine Person über einen Sachverhalt aufklären, der beiden Teilen zuvor gut bekannt war; in Wirklichkeit ist dies Gespräch dann zur Information des Hörers, bzw. Lesers entstanden, ein Kunstgriff, der ja beispielsweise aus den Dramen des französischen Klassizismus bekannt ist. Die Frage aber ist, ob die Dialoge der Sagas nicht prinzipiell als Dichtung zu betrachten seien. In einer längeren Saga treten Gesprächspartner in einer Unzahl von Kombinationen an verschiedenen Orten und zu unterschiedlichen Zeitpunkten auf, oft, wie gesagt, bei geheimen Beratungen unter vier Augen. Wären die Dialoge der Saga authentisch, müßte das in jedem Falle bedeuten, daß ein Erzähler zu den Aussagen einer Menge von Augenzeugen Zugang und darüber hinaus den notwendigen Überblick besessen hätte, um diese in einen großen und oftmals komplizierten Zusammenhang einzufügen. Das klingt wenig wahrscheinlich.

Aber auch, wenn man die Gespräche der Sagas im wesentlichen als Fiktion betrachtet, hat man noch nicht zu der Frage Stellung genommen, ob diese der mündlichen Überlieferung oder erst der geschriebenen Saga zugehört. Liestøl meint, die Kunst des Dialogs habe sich in der mündlichen Erzählung herausarbeiten müssen, die Lebendigkeit in der Sprache des Volkes habe diesen Gesprächen ein

Menschenalter nach dem andern ihre Kraft und Prägnanz verliehen. Als Beispiel für einen knappen, komprimierten Dialog führt er ein kurzes Gespräch aus der *Ljósvetninga saga* an. Der Häuptling Guðmundr der Mächtige, den neben seiner Feigheit gewisse Schinderzüge kennzeichnen, besucht einen Mann namens Ófeigr auf dessen Hof. Guðmundr nimmt sogleich auf dem Hochsitz Platz. Dann heißt es:

Als die Tische aufgestellt waren, legte Ófeigr seine Faust auf den Tisch und sagte: „Findest du nicht, daß diese Faust groß ist, Guðmundr?" Er sagte: „Groß, gewiß." Ófeigr sagte: „Glaubst du, daß Kraft darin ist?" Guðmundr sagte: „Das glaube ich wohl." Ófeigr sagte: „Glaubst du, daß sie einen harten Schlag versetzen kann?" Guðmundr sagte: „Sehr hart." Ófeigr sagte: „Was meinst du, was für ein Schaden daraus entsteht?" Guðmundr sprach: „Knochenbruch oder Tod." Ófeigr antwortete: „Wie glaubst du, daß solch ein Tod sein würde?" — „Sehr schlimm, und ich wollte ihn nicht haben." Ófeigr sagte: „Dann darfst du nicht auf meinem Platz sitzen." Guðmundr sagte: „Ganz wie du willst", — und setzte sich auf die andere Seite.

Wahrscheinlich würde, im Gegensatz zu Liestøl, mancher in einem so scharf gemeißelten Dialog das Ergebnis einer ausgeprägten schriftlichen Stilisierung sehen wollen.

Die Handschriften, die sich von isländischen Sagas erhalten haben, sind, soweit man weiß, nie Originale; es sind Abschriften, oftmals möglicherweise mit einer langen Reihe von Zwischengliedern. Die einzelnen Schreiber zeigten zu jener Zeit kaum irgendwelche übertriebene Ehrfurcht vor dem Wortlaut ihrer anonymen Vorlagen. Der Text der verschiedenen Abschriften von ein und derselben Saga konnte deshalb allmählich mehr oder weniger stark differieren. In dem Ausmaß, in dem einem solche Varianten zur Verfügung stehen, kann man durch eine sorgsame

Analyse der Texte die Verwandtschaft zwischen ihnen festzustellen versuchen und im günstigsten Fall die vermutliche Gestalt des Originals rekonstruieren. Jedoch behaupten etliche Forscher, daß bestimmte Abweichungen zwischen zwei Handschriften von einer solchen Beschaffenheit seien, daß sie nicht von einem Schreiber herrühren könnten sondern auf verschiedene mündliche Versionen zurückgehen müßten, die unabhängig voneinander aufgezeichnet worden seien. Könnte man solche Fälle mit Sicherheit ermitteln, würde das natürlich eine wertvolle Stütze für die „Freiprosatheorie“ bedeuten. Um eine konkretere Vorstellung von Fragestellung und Beweisführung zu geben, soll hier eins von Liestøls Beispielen erörtert werden. Es handelt sich dabei nicht um zwei Varianten derselben Saga, sondern um die Behandlung der gleichen Episode in zwei verschiedenen Sagas, aber das Problem ist im Prinzip genau dasselbe.

Gísli Súrsson, die Hauptgestalt in einer der größeren Sagas, war getötet worden. Der am stärksten beteiligte Mann bei diesem Totschlag, der mit großer Übermacht ausgeführt wurde, hieß Eyjólfr. Gísli Súrssons Schwester Þórdís war zu jenem Zeitpunkt mit Börkr dem Dicken verheiratet. Zuvor war sie die Frau von dessen Bruder Þorgrímr gewesen, der von Gísli erschlagen worden war. In Þórdís' Augen war also Gísli einerseits ihr leiblicher Bruder, anderseits der Mörder ihres vorigen Mannes. Für Börkr den Dicken aber war Gísli zugleich seines Bruders Mörder und sein Schwager. (Als Börkr Þórdís heiratete, wußte er noch nicht, daß der Schwager seinen Bruder umgebracht hatte.) Die Episode, die schildert, wie der Anführer beim Totschlag an Gísli, Eyjólfr, sich bei Börkr dem Dicken und Þórdís einfand und erzählte, was geschehen war, findet sich sowohl in der *Gísla saga Súrssonar* selbst wie auch in der *Eyrbyggja saga*. In der ersteren lautet die Stelle:

Nun zieht Eyjólfr, zwölf Mann stark, von zu Hause aus, segelt südwärts über den Breiðafjord zu Börkr dem Dicken und erzählt ihm, was sich ereignet hat und wie alles zugegangen ist. Börkr war froh darüber und sagt Þórdís, sie solle Eyjólfr gut bewirten, „denke an die große Liebe, die du für meinen Bruder Þorgrímr empfandest, und nimm Eyjólfr gut auf."

„Beweinen werde ich meinen Bruder Gísli," sagt Þórdís. „Aber ob es nicht Bewirtung genug für Gíslis Mörder ist, wenn ich ihm eine Schüssel Brei koche?"

Am Abend, als sie das Essen auftrug, läßt sie den Löffelkasten fallen. Eyjólfr hatte das Schwert, das er Gísli genommen hatte, zwischen die Bank und seine Füße gelegt. Þórdís erkennt das Schwert, und als sie sich nach den Löffeln bückt, ergreift sie das Heft, zieht das Schwert und sticht unter dem Tisch nach Eyjólfr. Sie wollte ihn mitten durchbohren, achtete aber nicht darauf, daß das Querstück des Schwerts hervorstand, und stieß gegen die Tischkante. Der Stoß ging deshalb tiefer, als sie gewollt hatte, und traf den Schenkel, und es gab eine große Wunde. Börkr ergreift Þórdís und entreißt ihr das Schwert. Alle springen auf und stoßen den Eßtisch um. Börkr bot Eyjólfr an, selbst das Bußgeld für die Wunde zu bestimmen, und Eyjólfr erkannte sich volle Totschlagsbuße zu. Er hätte sich mehr zuerkannt, sagte er, wenn Börkr sich nicht so freundschaftlich verhalten hätte.

Þórdís nennt Zeugen dafür und erklärt sich von Börkr geschieden. Sie werde hinfort sein Bett nicht teilen, sagt sie, und das hielt sie.

In der Version dieser Episode, wie sie die *Eyrbyggja saga* bietet, tritt noch eine weitere Person auf, nämlich der vierzehnjährige Snorri, der Sohn Þórdís' und ihres vorigen Mannes Þorgrímr. Börkr der Dicke ist also Snorris Onkel und Stiefvater. Bei der Nachricht vom Tode Gíslis, heißt es in der *Eyrbyggja saga*, war Börkr aufs höchste vergnügt und hieß Þórdís und Snorri, Eyjólfr aufs beste zu bewirten, der die Familie von einer so großen Schmach befreit habe.

Snorri zeigte wenig Freude über diese Neuigkeit, und Þórdís sagt, daß es Bewirtung genug sei, wenn man dem Mörder Gíslis eine Schüssel Brei vorsetze.

„Ja, ich kümmere mich nicht darum, was für Essen du anbietest," antwortete Börkr.

Börkr gab Eyjólfr auf dem Hochsitz Platz, und seine Begleiter durften neben ihm näher zur Tür hin sitzen. Ihre Waffen legten sie auf den Boden. Börkr saß gleich neben Eyjólfr, danach Snorri. Þórdís setzte einige Breischüsseln auf den Tisch und hielt dabei die Löffel in der Hand. Als sie Eyjólfr die Schüssel vorsetzte, ließ sie einen Löffel auf den Boden fallen. Sie bückte sich nach dem Löffel, ergriff Eyjólfs Schwert, zog es schnell, stach unter dem Tisch nach oben und traf Eyjólfr in den Schenkel. Der Schwertgriff kam gegen die Tischkante, aber es gab dennoch eine große Wunde. Börkr stieß den Tisch um und schlug nach Þórdís. Snorri stieß nach Börkr, daß er umfiel, zog seine Mutter zu sich und setzte sie neben sich. Ihre Trauer sei groß genug, sagte er, ohne daß sie obendrein auch noch geschlagen werde. Eyjólfr und seine Männer sprangen auf, aber Börks Männer hielten sie zurück.

Das Ende war, daß Börkr Eyjólfr selbst das Bußgeld für die Wunde bestimmen ließ, und Eyjólfr erkannte sich eine hohe Summe für seinen Schaden zu. Darauf zog er fort. Zwischen Börkr und Snorri entstand wegen dieser Begebenheit große Feindschaft.

In beiden Sagas nimmt diese Episode etwa den gleichen Raum ein, und der Inhalt ist in allem Wesentlichen derselbe. Aber Liestøl faßt die Abweichungen ins Auge: in der *Gísla saga* läßt Þórdís einen Löffelkasten fallen, in der *Eyrbyggja saga* dagegen einen Löffel; in der *Gísla saga* ergreift Börkr Þórdís und entreißt ihr das Schwert, während er in der *Eyrbyggja saga* nach ihr schlägt und selbst von Snorri umgestoßen wird etc. Hier müsse es sich um zwei mündliche Versionen handeln, erklärt Liestøl. Er ist offenbar der Meinung, daß Detailunterschiede der erwähnten Art — Löffel statt Löffelkasten zum Beispiel — schwerlich bei der Bearbeitung einer schriftlichen Vorlage entstehen würden; gerade daß es sich um Nebensachen handele, die für die Erzählung ohne Bedeutung seien, dürfte sie vor bewußten Eingriffen und Änderungen schützen. Es fällt jedoch schwer, einzusehen, warum ein solcher Schluß zwingend sein sollte. Man braucht sich ja nicht unbedingt vorzustellen, daß ein Bearbeiter seine geschriebene Quelle während der Niederschrift vor sich liegen gehabt hat. Er kann sie irgendwann einmal gelesen oder vorgetragen gehört haben und erinnert sich des wesentlichen Inhalts wie auch bestimmter Formulierungen; mit den Einzelheiten dagegen kann er in der Erinnerung ganz frei umgegangen sein, ohne darum das Gesamtbild zu entstellen.

Der augenfälligste und wichtigste Unterschied zwischen den eben zitierten Versionen liegt darin, daß die *Eyrbyggja saga* Snorri mit hineingenommen hat und ihm eine recht aktive Rolle in der Episode zuteilt. Als eine Art Fazit aus diesem Auftritt wird ja denn auch mitgeteilt, daß er zur Feindschaft zwischen Snorri und seinem Stiefvater Börkr geführt habe. Aber daß Snorri so in den Vordergrund gerückt wird, ist gerade in der *Eyrbyggja saga* ganz natürlich, in der er auch sonst einen so bedeutenden Platz einnimmt. Die Episode scheint also mit Rücksicht auf das spezielle Thema dieser Saga ausgestaltet worden zu sein. In der *Gísla saga* dagegen liegt keine Veranlassung vor, die Aufmerksamkeit auf Snorri zu richten; dort konzentriert sich das Interesse ausschließlich auf Þórdís' Reaktion bei der Nachricht vom Mord an ihrem Bruder. Nichts scheint der Annahme entgegenzustehen, daß die beiden Textvarianten voneinander abhängen, oder daß sie jeweils auf eine gemeinsame schriftliche Quelle zurückgehen, die sie ihren unterschiedlichen Intentionen entsprechend hergerichtet haben. Anderseits ist es natürlich denkbar, daß sie tatsächlich auf zwei verschiedene mündliche Versionen zurückgehen. Aber soweit man sehen kann, ist es Liestøl nicht gelungen, zu beweisen oder auch nur wahrscheinlich zu machen, daß sie dies wirklich tun. Der gleiche Einwand trifft seine übrigen Beispiele für angeblich mündliche Varianten.

Die augenblickliche Tendenz in der Sagaforschung dürfte im genauen Gegensatz zu der „Freiprosatheorie" stehen, wie sie von Liestøl vertreten wurde. Jedenfalls gilt das für jene Gruppe von Forschern, die man als isländische Schule bezeichnen könnte, mit Sigurður Nordal an der Spitze. Einen Markstein stellt Nordals kleine Schrift „Hrafnkatla" (1940) dar; der Titel dieser Arbeit ist eine vom Autor eingeführte Bezeichnung (analog zu *Njála, Egla, Grettla* u. a. im Isländischen) für *Hrafnkels saga.* Dieses Meisterwerk seiner Gattung ist zwar gut bekannt, aber um des besseren Verständnisses willen soll hier dennoch eine knappe Wiedergabe der kurzen Saga vorangehen, bevor wir Nordals Gedankengang aufgreifen.

Der mächtige Häuptling und Gode Hrafnkell war ein eifriger Verehrer Freys; er trug darum auch den Beinamen „der Freysgode". Die Hälfte seiner besten Habseligkeiten gab er dem Freyr hin. Das betraf auch einen prächtigen Hengst, den er Freyfaxi nannte. Hrafnkell hatte ein Gelübde abgelegt, wonach er den töten wollte, der gegen seinen Willen den Hengst ritte. Sein Schafhirt, ein junger Mann namens Einarr, verstieß einmal gegen sein Verbot, und Hrafnkell erschlug ihn. Einars Vetter Sámr prozessierte auf dem Allting gegen Hrafnkell, obgleich das Unternehmen hoffnungslos aussah. Als er nahe daran war, aufzugeben, erhielt er völlig unerwartet Beistand durch zwei Brüder, die mit großem Gefolge vom Westland kamen; Þjóstarssöhne wurden sie genannt. Man sprach die Acht über Hrafnkell aus, und er wurde von seinem Hof Aðalból vertrieben, auf dem Sámr sich niederließ. Der Göttertempel auf dem Hof wurde verbrannt, und Freyfaxi wurde von einer Felsklippe hinabgestürzt. Hrafnkell siedelte sich in einer benachbarten Gegend an, wo er sich in kurzer Zeit wieder hocharbeitete und aufs neue zu einem mächtigen Manne wurde. Eines Tages war die Zeit zur Rache reif. Hrafnkell erschlug Sáms Bruder Eyvindr und vertrieb Sámr selbst von Aðalból. Danach lebte er als geachteter Mann bis zu seinem Tod auf seinem alten Hof.

Nordal weist darauf hin, daß die *Hrafnkels saga* ziemlich allgemein als eine der historisch zuverlässigsten Familiensagas betrachtet worden sei. In Übereinstimmung damit hat man sie als durch den Sagaschreiber wenig geändert angesehen; sie habe, so meint man, in der mündlichen Überlieferung sozusagen fertig vorgelegen. Es ist auch schwer, in der historischen Glaubwürdigkeit der *Hrafnkels saga* irgendwelche Angriffspunkte zu finden. Man hat wenige Quellen, die einen Vergleich ermöglichen. Die Darstellung weist keine verdächtigen Übertreibungen auf, ihr fehlt das sonst so weit verbreitete Prahlen mit den Großtaten von Isländern im Ausland, auch nimmt man keine spürbare Beeinflussung durch ausländische Literatur oder andere isländische Sagas an ihr wahr. Die *Hrafnkels saga* ist ein ungewöhnlich konsequent durchgeführtes Werk aus einem Guß. Jeder Zweifel scheint daran abprallen zu müssen.

Zunächst unterzieht Nordal die beiden Þjóstarssöhne von den Westfjorden einer näheren Untersuchung. Sie erscheinen unversehens in einem Augenblick auf dem Allting als Helfer, da Sámr und sein Onkel Þorbjörn alle Möglichkeiten, die Verhandlung zu einem erfolgreichen Ende zu führen, verstellt sehen. Sie spielen in der Saga eine entscheidende Rolle, indem sie selbst die dramatische Wendung im Handlungsablauf herbeiführen; auf sie läßt sich da also nicht verzichten. Diese Brüder Þorkell und Þorgeirr sind indessen nirgend anders als in der *Hrafnkels saga* erwähnt. Dagegen berichtet die *Landnámabók* von ihrem Vater Þjóstarr und ihrem Bruder Þormóðr. Man fragt sich, warum eine solche Urkunde an Þormóðr denken, seine beiden Brüder Þorkell und Þorgeirr aber vergessen haben sollte, die, nach der *Hrafnkels saga* zu urteilen, bedeutend mächtiger als jener gewesen sein müssen. Dies Verschweigen ihrer Existenz ist in der Tat auffällig. Verschiedene Sagas spielen nämlich im Gebiet der Westfjorde und des Breiðafjords im zehnten Jahrhundert. Bei dem Einfluß und der Wesensart der Þjóstarssöhne, wie die *Hrafnkels saga* sie darstellt, dürfte man erwarten, daß sie auf irgendeine Weise in die Ereignisse, die in den erwähnten Sagas geschildert werden, eingegriffen hätten. Es findet sich da jedoch keine Andeutung über sie selbst oder irgendwelche ihrer Nachkommen. „Das Merkwürdige scheint diesen Häuptlingen von den Westfjorden widerfahren zu sein," sagt Nordal, „daß sich die Erinnerung an sie nirgend anders mehr erhalten hat als in einer Saga aus einer andern Gegend des Landes", — die *Hrafnkels saga* spielt im Nordosten Islands. Obendrein zeigt der Vergleich mit andern Quellen, daß es in dem Gebiet, das die Saga nennt, keinen Platz für die Þjóstarssöhne als Häuptlinge gegeben hat; dort war schon alles von Männern mit Beschlag belegt worden, die einen größeren Anspruch darauf haben, für authentisch angesehen zu werden. Alles, was in der *Hrafnkels saga* über ihre Macht und ihre Taten gesagt wird, muß reine Dichtung sein. Aber auch der schnelle Aufstieg und die Machtstellung des Freysgoden Hrafnkell in seinem neuen Gebiet erweisen sich als historisch undenkbar. Nach der *Landnámabók* wurde nämlich gerade jene Gegend von einem gewissen Brynjólfr dem Alten samt seiner Familie beherrscht. Es gab da ebenso wenig Raum für Hrafnkels Machtausübung wie für die Þjóstarssöhne am Þorskafjord.

In mehreren Punkten hat sich also die eigentlich tragende Konstruktion in der Handlung der *Hrafnkels saga* als Fiktion erwiesen. Damit ist das Vertrauen in die historische Zuverlässigkeit dieser Saga erschüttert. Einen interessanten Abschnitt widmet Nordal einer Analyse der *Hrafnkels saga* als Kunstwerk, ihrem Aufbau und Stil sowie ihrer Menschendarstellung. Man stößt da auf eine künstlerische Höhe, die bei weitem alles übertrifft, was man gewöhnlich mit älterer mündlicher Erzählkunst verbindet. Die *Hrafnkels saga* ist epische Dichtung in einem so fortgeschrittenen Entwicklungsstadium, daß sie „die Auffassung des Lesers irreführt und ihm als die vollendete mündliche Erzählung erscheint, wie sie ausgesehen haben dürfte.“ Das Ergebnis der Untersuchung Nordals läßt sich am besten mit seinen eigenen Worten zusammenfassen:

> Es scheint also sehr selbstverständlich oder geradezu offensichtlich zu sein, daß die *Hrafnkels saga* das Werk eines einzigen Verfassers ist, der keineswegs die Absicht hatte, eine wahre Geschichte zu schreiben, sondern vielmehr eine Dichtung, — eines Mannes, der zugleich mit Phantasie, Menschenkenntnis und mit poetischer Kühnheit begabt war, und den eine der mächtigsten literarischen Bewegungen, die die Geschichte kennt, emportrug.

Natürlich ist die Frage nach Geschichte und Fiktion, mündlicher Überlieferung und schriftlicher Verfasserschaft mit Nordals Beitrag noch nicht erledigt. Er selbst besteht mit Nachdruck darauf, jede Saga müsse einzeln auf ihre historische Glaubwürdigkeit, ihre Quellen und ihre Stoffbehandlung geprüft werden. Aber wenn die *Hrafnkels saga,* die als eine der verläßlichsten historischen Sagas angesehen wird, sich als Dichtung entpuppt, so muß man auch in anderen Fällen gegenüber der angeblich historischen Überlieferung stark auf der Hut sein.

Trotz ihrer unbestrittenen Homogenität als literarische Gattung zeigen die Familiensagas unter sich bei näherer Untersuchung doch beträchtliche Unterschiede sowohl wie eine deutliche Entwicklung. Gerade dieses Wachsen der Saga und ihres Stils hat vor allem Nordal in ein neues Licht gerückt. Er kritisiert den Köhlerglauben gewisser Vorgänger, nach dem die besten Sagas auch die ältesten gewesen seien, während ein unsicherer Stil und ein mangelhafter Aufbau auf ein jüngeres Entstehungsdatum deuteten. Diese Vorstellung von einem klassischen goldenen Zeitalter, auf das zunehmender Verfall gefolgt sei, ersetzt Nordal durch eine, wie es scheint, an und für sich glaubwürdigere Entwicklungskurve. Er denkt sich am Beginn der Sagaliteratur tappende Versuche. Der typische Sagastil bildet sich erst nach und nach heraus, und zwar als eine Synthese zweier völlig verschiedener Stilmomente. Einerseits stößt man da auf die primitivere Technik der mündlichen Erzählung mit einer abrupten und oftmals unbeholfenen Darstellungsweise sowie kurzatmigen Dialogen. Anderseits gibt es den fremden religiösen Stil, der in zahlreichen Übersetzungen vertreten ist; er ist breit, kompliziert und wortreich. Nordal charakterisiert die Verschmelzung beider Stilelemente so: „Es gelang den Isländern — dank ihrer Kenntnis lateinischer Buchsprache, sowie von Übersetzungen daraus etwa vom Jahre 1100 an —, aus diesen beiden Gegensätzen einen Sagastil zu schaffen und in ihm vieles von der Schlichtheit der Alltagssprache mit der Ausführlichkeit der Buchsprache zu vereinen.“ In einigen der älteren Sagas läßt sich nach Nordal zeigen, wie der Verfasser mühsam mit der Aufgabe ringt, die beiden Gegensätze zu einem einheitlichen Stil zu verbinden. Später im dreizehnten Jahrhundert verstärkt sich die Ausgewogenheit zwischen den beiden Stilmomenten; man findet zum klassischen Sagastil.

Detaillierte Vergleiche zwischen den Handschriftenvarianten ein und derselben Saga scheinen entschieden diese Darstellung der großen Entwicklungslinien stützen zu können. So hat man wahrscheinlich gemacht, daß eine mehr „klassische“ Handschrift der *Fóstbrœðra saga* die ausgefeilte Fassung einer älteren, eigenartigen Version mit bestimmtem barockem Stilprunk gelehrter, poetischer oder religiöser Art darstellt. (Vgl. oben S. 23.) Snorri Sturluson, der seine Königssagas nach etlichen älteren Quellen unterschiedlichen Stils schreibt, hat nach Nordal in diesem Ausgleichsprozeß eine entscheidende Rolle gespielt. Wenn Snorri — wie Nordal selbst überzeugend dargelegt hat — die *Egils saga Skalla-Grímssonar* verfaßt haben sollte, wird seine Bedeutung auch für die Entwicklung der Familiensaga um so gewichtiger. Paradoxerweise zeigt das Reifen des Sagastils im dreizehnten Jahrhundert die Neigung, der Darstellung einen mehr mündlichen Ton zu verleihen. Offenbar hat diese gestutzte und veredelte Mündlichkeit die Nachwelt irregeführt und sie in den Sagas ausschließlich mündliche Überlieferung und Erzählkunst sehen lassen.

Bei einer solchen Auffassung von den isländischen Familiensagas ist Nordal natürlich nicht mehr bereit, der historischen oder kulturgeschichtlichen Überlieferung dieser

Literatur eine größere Bedeutung beizumessen. Im Programm für eine künftige Sagaforschung, das er am Schluß seiner Schrift über die *Hrafnkels saga* entwirft, fordert er eine Unterscheidung zwischen „der Altersgestalt der Sagas — der toten Gelehrsamkeit — und ihrer ewig jungen Seele: der Genialität des Stils und der Erzählkunst, der Personendarstellung, Menschenkenntnis und Lebensanschauung". Mit andern Worten: er will, daß die Forschung uns die isländische Saga als das sehen lehrt, was sie ist, — als große Dichtung.

Stil und Personendarstellung

Die Kunstprosa der isländischen Sagas ist die älteste, die man in einer nordischen Sprache kennt. Sie stellt keine ganz einheitliche Erscheinung dar, selbst wenn sich das Urteil auf die eigentlichen Familiensagas beschränkt. Eine eingehendere Untersuchung würde zweifellos auch im Stil eine Reihe individueller Züge aufzeigen können. Im ganzen gesehen aber hat diese Literatur in stilistischer Hinsicht eine ausgesprochen homogene Gestalt. Es ist somit kaum eine unzulässige Vereinfachung, wenn man sie unter diesem Aspekt als eine einheitliche Gruppe betrachtet.

Was dem heutigen Leser an der Sprache der Sagas vielleicht vor allem auffällt, das ist der einfache, übersichtliche Satzbau. Er unterscheidet sich deutlich von allem durch das Latein beeinflußten, kunstvollen Periodenbau. Typischer Sagastil meidet auch gänzlich alle schmückenden, poetischen Ausdrücke. Andreas Heusler weist darauf hin, daß es in einer Saga fremd klänge, wenn es hieße: „Er zog sein *scharfes* Schwert." Die Saga würde da anders formulieren: „Er zog sein Schwert; das war eine sehr scharfe Waffe." Die erste Wendung würde etwa zum Volksliedstil mit seiner eher schmückenden Ausdrucksweise und seiner Vorliebe für formelhafte Epitheta passen. Die zweite Formulierung ist völlig sachlich, ohne jeden poetischen oder gefühlsmäßigen Akzent. In mancher Hinsicht stellt der Sagastil also den genauen Gegensatz zur Ausdrucksweise der älteren oder gleichzeitigen Skalden dar. Deren Dichtung ist darauf ausgerichtet, die übliche Bezeichnung einer Sache konsequent zu umgehen, und ihr Satzbau, ihre Wortstellung sind so beschaffen, daß sie nicht selten die Skaldenstrophe zu einer Art Labyrinth werden lassen. Hier liegt wohl letzten Endes die Ursache dafür, daß man bis in unsere Tage auf Island eine besonders scharfe Grenze zwischen den Verfassern von Poesie und Prosa gezogen hat; sogar in Arbeiten über moderne isländische Literatur behandelt man Poesie und Prosa gern getrennt in verschiedenen Abschnitten.

In der isländischen Saga fehlt praktisch jede Naturschilderung, die eine Stimmung vermitteln soll. Naturerscheinungen werden in der Regel nur in dem Ausmaß erwähnt, wie sie für die Handlung von Bedeutung sind: das Wetter und die Beschaffenheit der Wege, der Mondschein, der die Nacht erhellt, und ähnliches. Als ein äußerst seltenes Beispiel für eine eher ästhetische Landschaftsbetrachtung stehen die berühmten Worte Gunnars von Hlíðarendi da, der des Landes verwiesen worden ist, aber auf dem Weg zum Schiff hinab, das ihn fortbringen soll, wieder umkehrt: „Schön ist der Berghang. Noch nie ist er mir so schön vorgekommen, die gelben Äcker und die gemähten Wiesen. Ich will wieder heimkehren und nirgendwo hinfahren."

Die Saga meidet jeden überschwenglichen Ausdruck und greift im Gegenteil gern auf verschiedene Formen der Litotes oder des Understatements zurück. Die *Fóstbrœðra saga* schildert beispielsweise, wie der fünfzehnjährige Þorgeirr in der Dunkelheit der Nacht zu seiner Mutter nach Hause kommt, nachdem er kurz zuvor den Tod seines Vaters gerächt hat. Die Mutter fragt ihn nach Neuigkeiten. Der Sohn erwidert: „Es gab heute abend eine Verletzung *(áverki)* in Skeljabrekka.“ Das wirkliche Geschehen aber bestand darin, daß Þorgeirr dem Bauern auf dem Hof dort seinen Speer durch den Leib gerannt hatte. In der *Gísla saga Súrssonar* hat der geächtete Held einen der beiden Männer getötet, die ihm in den Wald gefolgt waren. Da kehrt der andere Verfolger zu seinen Gefährten zurück und meldet ihnen, daß es ziemlich schwierig sei, dort im Walde vorwärts zu kommen.

Im ganzen macht der Sagastil einen kühlen und zurückhaltenden Eindruck. Der Erzähler unterdrückt seine Gegenwart völlig, und es kann daher zuweilen wirken, als erzählte die Saga sich sozusagen selbst. Die epische Objektivität wird streng beobachtet. Ein typisches Beispiel aus der *Droplaugarsona saga* soll hier angeführt sein. Die Witwe Droplaug hat sich mit dem ebenfalls verwitweten Hallsteinn verheiratet. Es wird ausdrücklich bemerkt, daß ihr ältester Sohn Helgi gegen diese Verbindung gewesen sei. Einmal kommt er im Herbst auf seines Stiefvaters Hof Víðivellir zu Besuch. Droplaug bittet Hallsteinn, er solle Helgi einladen, den Winter über bei ihnen zu bleiben. Zwar steht ihr Mann dem ablehnend gegenüber, kommt aber dennoch ihrem Wunsche nach, und Helgi nimmt die Einladung an. Darauf heißt es in der Saga:

Hallsteinn hatte einen Knecht, der Þorgils hieß. Vierzehn Tage danach sprachen Helgi, Droplaug und Þorgils, Hallsteins Knecht, an einem Morgen lange Zeit miteinander, ohne daß jemand anders ihre Unterhaltung mitanhörte. Þorgils beschäftigte sich den Winter über mit Schafen in einem Gehege südlich des Anwesens und war ein fleißiger Arbeiter. Er brachte viel Heu dahin.

Eines Tages kam Þorgils zu Hallsteinn und bat ihn, er solle nach dem Heu und den Schafen sehen kommen. Hallsteinn kam und ging in eine Scheune und wollte durch eine Luke wieder hinaus. Da schlug Þorgils Hallsteinn mit einer Axt, die Helgi Droplaugarson gehörte, und das reichte, um ihn zu töten.

Helgi kam den Berg herab von seinen Pferden und sah, daß Hallsteinn erschlagen war. Er tötete sogleich den Knecht. Er ging nach Hause und brachte seiner Mutter, die mit anderen Frauen zusammen am Feuer saß, die Nachricht.

Bald darauf konnte man vom Gesinde auf Víðivellir hören, daß Helgi, Droplaug und Þorgils am Tage vor Hallsteins Tod lange miteinander gesprochen hätten, und es wurde über diesen Totschlag übel geredet.

In einem solchen Abschnitt kann man in zweifacher Weise von Objektivität sprechen. Alles deutet hier darauf hin, daß Mutter und Sohn übereingekommen waren, Hallsteinn zu töten und sich dabei des Knechtes als Werkzeug zu bedienen; dieser wird dann seinerseits sofort erschlagen, offensichtlich zu dem Zweck, daß er den wahren Sachverhalt nicht ausplaudern könne. Das aber wird nicht direkt ausgesprochen. Der Erzähler stellt es dem Hörer oder Leser anheim, sich auf die mitgeteilten Tatsachen einen Vers zu machen. Gerade diese neutral berichtende Darstellung verstärkt natürlich in hohem Maße den Eindruck, daß es sich um einen wahren Sachverhalt handle. Aber der Erzähler ist auch in anderer Hinsicht objektiv: er erlaubt sich kein moralisches Urteil über diese Tat; er heißt sie nicht gut, aber er verurteilt sie auch nicht. Anderseits steht dem nichts entgegen, daß die Personen der Saga selbst eine solche Wertung zum Ausdruck bringen: „über diesen Totschlag wurde übel geredet“. Natürlich hat der Erzähler auf diese Weise die Möglichkeit, seine eigene Ansicht als eine Art öffentliche Meinung hinzustellen.

Die Eigentümlichkeiten des Sagastils kommen vielleicht am allerbesten bei der Beschreibung von Personen zur Geltung. Die Menschendarstellung ist ja auch das A und O dieser Literatur, die sich so häufig in der Gestalt spannungsreicher Dialoge darbietet. Die Worte können sich durch verhängnisvolle Schwere und Zuspitzung auszeichnen, wie etwa in dem berühmten Gespräch zwischen Gunnarr von Hlíðarendi und seiner Frau Hallgerðr, bevor er der Übermacht erliegt, die den Hof bedrängt. Einem der Feinde ist es durch Überraschung gelungen, die Sehne von Gunnars Bogen zu zerhauen, und ohne die Waffe hat er weit weniger Aussichten, sich die Angreifer vom Leibe zu halten.

„Nimm zwei Strähnen von deinem Haar," sagte er zu Hallgerðr, „und dreht zusammen, du und Mutter, eine Bogensehne für mich."

„Gilt es dir viel?" fragte Hallgerðr.

„Es gilt mein Leben," erwiderte er, „denn solange ich den Bogen habe, werden sie mich nicht überwinden."

„Dann werde ich an den Backenstreich denken, den du mir gabst," sagte sie, „und ob du dich kürzer oder länger zur Wehr setzt, das rührt mich nicht."

„Jeder wird auf seine Weise berühmt," sagte Gunnarr, „und ich werde dich nicht lange darum bitten."

„Übel beträgst du dich," sagte Rannveig, „und spät wird deine Schande vergessen werden."

In diesem kurzen Wortwechsel, einem der Höhepunkte der *Njála,* ist viel vom Wesen der isländischen Saga enthalten. Man begegnet da dem empfindlichen Stolz, der in Hallgerðs überspannter Rachgier unheimlichen Ausdruck findet. Man beobachtet ferner die typische Beherrschung des Helden in schicksalsschweren Augenblicken, die häufig durch ironische oder sarkastische Worte unterstrichen wird.

Gunnars Antwort an seine Frau, man könne auf viele Arten berühmt werden, demonstriert das lebhafte Empfinden der Sagagestalten für Nachruhm und Ehre, für das Urteil über den Toten, das nach den *Hávamál* niemals stirbt. Direkter spricht die gleiche Anschauung aus Rannveigs prophetischem Hinweis auf die Schande ihrer Schwiegertochter.

Wenn der Erzähler eine Gestalt, die er in die Saga einführt, vorstellen will, bedient er sich dazu gern recht stereotyper Formulierungen. Bei einer Frau wird dann etwa kurz und knapp festgestellt, daß sie schön sei; vielleicht wird ihr blondes Haar als Beispiel für ihre Schönheit erwähnt. Es kann die Rede davon sein, sie sei geschickt in der Haushaltung, temperamentvoll, zauberkundig usw. (Wenn Kormákr in der Saga, die seinen Namen trägt, besonders die Füße der von ihm verehrten Steingerðr rühmt, darf man das vielleicht seiner besonderen Feinfühligkeit und Originalität als Skalde zuschreiben!) Anderseits werden Aussehen und Eigenschaften eines Mannes nicht selten detaillierter beschrieben, mit Einzelheiten über sein Haar, seine Nase, seinen Mund, seine Gestalt u. ä. In manchen Fällen ist eine solche Schilderung aus künstlerischen Erwägungen bis zu irgendeinem wichtigen Punkt der Erzählung aufgespart, an dem die betreffende Gestalt besonders in den Vordergrund tritt. Ein bezeichnendes Beispiel ist die Beschreibung Egill Skalla-Grímssons in der Halle König Aðalsteins, nachdem sein älterer Bruder Þórólfr in dem vorangegangenen Treffen gefallen ist. In der Halle herrschen Frohsinn und Heiterkeit. Egill erhält einen Platz auf dem Hochsitz angewiesen, gerade dem König gegenüber. Er setzt sich hin und legt seinen Schild zu seinen Füßen nieder:

Er hatte den Helm auf und legte das Schwert auf die Knie, bald zog er es halb, bald stieß er es wiederum in die Scheide. Er saß aufrecht da, aber mit gesenktem Kopf. Egill hatte ein mächtiges Gesicht, eine breite Stirn, buschige Augenbrauen, die Nase war kurz und sehr kräftig, sein Bart bedeckte einen großen Teil des Gesichts, das Kinn war mächtig breit und ebenso die Kinnladen, er hatte einen so starken Nacken und so breite Schultern, daß er von andern Männern abstach, seine Miene war barsch und grimmig, wenn er zornig war. Er war gut gewachsen und größer als alle andern, hatte wolfsgraues, dichtes Haar und wurde frühzeitig kahl. Als er da saß, wie zuvor beschrieben worden ist, zog er die eine Augenbraue zur Wange hinunter, die andere zum Haaransatz hoch. Egill hatte schwarze Augen und dazu Brauen, die über der Nasenwurzel zusammenstießen. Er wollte nicht trinken, obwohl für ihn eingeschenkt war, sondern saß mit einer gehobenen und einer heruntergezogenen Augenbraue da.

Dann wird geschildert, wie der König ihn durch reiche Gold- und Silbergeschenke wieder in gute Stimmung versetzt.

Die anschauliche Schilderung steht an einer entscheidenden Stelle der Erzählung. Erst jetzt eigentlich, in der Mitte der Saga etwa, tritt Egill wirklich in jeder Beziehung als ihre Hauptgestalt hervor; zuvor konnte er leicht etwas in den Schatten seines hervorragenden und bewunderten älteren Bruders geraten. Die Gestalt Egils wird hier also auf diese Weise in ihrer vollen Größe vorgestellt, und zwar gerade in dem Moment, wo er sich anschickt, endgültig die Rolle als dominierende Figur dieser Saga zu übernehmen.

Ansonsten ist diese direkte Beschreibung bei einer bestimmten Gelegenheit durchaus nicht die einzige und nicht einmal eine häufig verwandte Methode der Saga, mit deren Hilfe sie ihre Menschen charakterisiert. Statt dessen entstehen die Gestalten allmählich aus einer großen Anzahl von Situationen und Dialogen heraus vor dem Auge des Lesers, im Zusammenspiel also mit zahlreichen anderen Personen. Im Vergleich mit der psychologisierenden Dichtung späterer Zeiten indessen mag die Art und Weise, in der die Sagas die inneren Motive, die Gedanken und Empfindungen ihrer Menschen darstellen, dürftig wirken. Im ganzen gesehen werden die Personen von außen her geschildert, in ihrem Auftreten, ihren Handlungen und Reden, oder auch im Urteil anderer. Die sparsame Anwendung der Ausdrucksmittel geht so weit, daß bestimmte psychologische Zusammenhänge dem heutigen Leser leicht entgehen können. Dafür mag ein Beispiel aus der zuvor schon zitierten *Droplaugarsona saga* stehen.

Helgi Droplaugarson ist in einem Streit erschlagen worden. Von seinem jüngeren Bruder, der bei der gleichen Gelegenheit schwer verwundet wurde, jedoch am Leben bleibt, heißt es: „Grímr war einige Jahre in Krossavík und war nicht froh; er lachte niemals, seit Helgi gefallen war." Endlich gelingt es Grímr auf einer Fahrt, die er zusammen mit einigen guten Freunden unternimmt, zu seinem Hauptfeind zu gelangen und ihn nächtlicherweise in seinem Bett zu erschlagen. Sie entkommen ihren Verfolgern in der Dunkelheit und sind bald wieder in Krossavík. Man fragt sie nach Neuigkeiten, aber sie sagen, sie hätten keine zu berichten. Anderntags sitzt Grímr mit einem Norweger, der zufällig zu Besuch da ist, beim Brettspiel. Da läuft ein Junge, ein Sohn Þorkels und seiner Frau Jórunn, gegen den Tisch und wirft das Spiel um. „Der Norweger versetzte dem Knaben einen Tritt, und diesem entglitt ein Furz. Grímr lachte aus vollem Halse. Da trat Jórunn zu ihm und sagte: „Was ist eigentlich auf deiner Fahrt geschehen, da du jetzt lachst, und was für Neuigkeiten bringst du mit?'" Grímr antwortet ihr mit einigen Strophen, die ihr den Sachverhalt erklären.

Wenn der heutige Leser an diese Stelle gelangt, an der Grímr wieder lacht, ist es durchaus fraglich, ob er sie unmittelbar mit dem fünf Seiten zurückliegenden Hinweis in Zusammenhang bringt: daß nämlich Grímr niemals lachte, seit sein Bruder gefallen war. Vielleicht findet man die Episode etwas seltsam und skurril und sieht in ihr nur einen belanglosen Einschub. Aber die Frau in Krossavík zieht sofort den richtigen Schluß aus Gríms Lachen. Und der Erzähler hat das kleine Mißgeschick des Knaben offensichtlich nur eingefügt, um Grímr einen Anlaß zum Lachen zu geben. Er hat es von vornherein darauf angelegt, daß diese Szene mit der vorangehenden Angabe über Gríms Trübsal korrespondieren sollte.

Eine solche Beschränkung in der psychologischen Motivierung erfordert vom Leser Aufmerksamkeit, damit der Zusammenhang ihm deutlich bleibt. Es wäre aber falsch, darin eine primitive Technik oder Unbeholfenheit des Autors sehen zu wollen. Vielmehr sind die Effekte oft außerordentlich geschickt bedacht. Und die Vielseitigkeit der Menschendarstellung vermag einen in Erstaunen zu versetzen.

In einer Saga wie der *Njála* werden Männer und Frauen aus allen Gesellschaftsschichten dargestellt. Eine Reihe von Häuptlingen zieht am Auge des Lesers vorbei, und da ist jeder einzelne individuell gezeichnet; einige von ihnen erhalten ihr Portrait von Skarpheðinn bei dem „Werbegang" der Njálssöhne auf dem Allting. Ebenfalls begegnet man natürlich zahlreichen einfachen Bauern, Knechten, Hirten, Freigelassenen und Leibeigenen. Umherziehende Bettelweiber tragen zum Gang der Erzählung bei, indem sie Klatsch und Verleumdung zwischen den Höfen umhertragen. Unter den Leuten von Bergþórshváll begegnet man der alten Sæunn, die vor Alter zwar schon kindisch ist, aber doch vorauszusagen weiß, daß Njáll und ihre Pflegetochter Bergþóra in Flammen umkommen werden. Einen ergreifenden Gegensatz zu dieser alten Frau bildet die Gestalt des kleinen Þórðr, der das Schicksal seiner Großmutter Bergþóra und Njáls teilen will: „‚Aber du hast mir versprochen, Großmutter, daß wir beide uns nicht trennen wollen, und dabei soll es bleiben', sagte der Knabe. ‚Ich will viel lieber mit euch beiden sterben als euch überleben.' Darauf brachte sie den Jungen ins Bett." Weiter stößt man da auf eine so finstere, sarkastische und etwas beängstigende Hünengestalt wie Skarpheðinn. Daneben stehen Figuren von hellerer Wesensart: Gunnarr und Kári umgibt ein Hauch des Ritterideals. In seiner schnellen und manchmal übereilten Handlungsweise steht Skarpheðinn auch im Gegensatz zu seinem Vater, dem weisen und friedfertigen Njáll. Die Saga umschließt gute und böse Charaktere. Höskuldr Hvítanesgode nimmt mit seinem Tode etwas vom Glanz eines Märtyrers an. Er fällt als unschuldiges Opfer einer folgenschweren Verleumdung, die der eigentliche Schurke des Dramas, Mörðr, in verschlagener Weise zu verbreiten verstanden hat. Daneben gibt es auch einen leichter durchschaubaren Halunken wie Hrappr, der sich in sachlicher Feststellung selber als einen solchen bezeichnet. In Kári und seinem Waffenträger Björn von Mörk hat der Autor der Saga mit feinem Humor das Zusammenspiel zwischen einem durch und durch wackeren Krieger und einem Prahlhans mit Hasenherz dargestellt. Vermutlich sind auch die Gestalten Hallgerðs und Bergþóras aus künstlerischen Erwägungen heraus als Gegensätze gezeichnet. Beim Überfall auf Hlíðarendi läßt Hallgerðr kaltblütig und rachelüstern ihren kämpfenden Mann im Stich, während Bergþóra beim Brand auf Bergþórshváll nicht zögert, das Schicksal ihres Mannes zu teilen.

Mit seinen scharfen Konturen und seiner plastischen Darstellungsweise ist der Sagastil in der Hand eines geschickten Erzählers ganz offensichtlich ein sehr wirksames Instrument. Die nordischen Dichter späterer Zeiten — und nicht selten die größten unter ihnen — sind deshalb auch immer wieder zu den isländischen Sagas zurückgekehrt, um an ihnen ihren eigenen Stil zu härten.

Man hat hier und da auf die Ähnlichkeit zwischen dem Sagastil und der sogenannten „hartgesottenen" *(hard-boiled)* Erzählkunst unserer Zeit hingewiesen, wie er etwa bei Ernest Hemingway vorliegt. Die Übereinstimmungen sind in der Tat auffällig. In beiden Fällen liegt das Hauptgewicht der Darstellung auf augenfälligen äußeren Tatsachen. Man notiert sichtbare Reaktionen, anstatt zu psychologisieren. Der Dialog, oftmals auf lapidare Aussagen beschränkt, spielt eine bedeutende Rolle. Die objektive Haltung kann wie Gleichgültigkeit oder Zynismus wirken.

Eine direkte Beziehung zwischen der isländischen Saga und dieser modernen Darstellungsweise besteht offenbar nicht. Man hat jedoch die Ähnlichkeit mit gewissen gemeinsamen Merkmalen der damaligen und der heutigen Zeit erklären wollen. Das Island der Sturlungazeit, in dem die Sagas geschrieben wurden, ist zuvor charakterisiert worden. Das Christentum war schon lange offiziell eingeführt, hatte aber die Lebensanschauung noch nicht zu durchsetzen vermocht. Die moralischen Wertungen schwanken zwischen zwei Normen hin und her. Die politische Situation wurde von rücksichtslos geführten Fehden zwischen den einflußreichen Männern bestimmt. Niemand war seines Lebens sicher; Bedrohungen konnten einen im

Kreise der eigenen Verwandten erwarten. In einer solchen Zeit war es gefährlich, irgendwelchen Illusionen nachzuhängen. Die Menschenauffassung wurde nüchtern und skeptisch. Gerade diese Haltung ist es, der der Sagastil letztlich Ausdruck verleihen sollte.

Auf der anderen Seite hat man die hartgesottene Erzählkunst mit dem ersten Weltkrieg in Verbindung gebracht. Alle ehemaligen Lebensideale bekamen einen Sprung, ohne daß sie durch neue ersetzt wurden. Die Menschen wurden skeptisch und vermochten das Leben nicht mehr aus einer bestimmten moralischen Perspektive zu betrachten. Man war genötigt, die brutale Wirklichkeit so zu akzeptieren, wie sie war. Daß es tatsächlich einen Zusammenhang zwischen dem ersten Weltkrieg und dem Stil Hemingways gibt, könnte man durch Zitate aus seinem Roman *A farewell to arms* (1929) veranschaulichen. Das Ich der Erzählung gesteht, beim Anhören von Wörtern wie „heilig“ und „Opfer“ stets in Verlegenheit zu geraten. Im Kriege war nichts heilig, und seine Opfer ließen einen an die Schlachthöfe von Chicago denken. Das Gerede von Ehre, Mut und ähnlichen Dingen nahm sich schließlich schamlos aus im Vergleich zu den Namen von Städten und Flüssen, den Nummern von Straßen und Heeresgruppen. In diesem Ekel gegenüber allem, was sich nicht dem Auge selbst darbietet, darf man offenbar eine Voraussetzung für den hartgesottenen Stil mit seiner Anknüpfung an pointierte Zeitungsprosa und sachliche Reportagendiktion erblicken.

Trotz alledem ist natürlich der Unterschied zwischen dem Island der Sturlungazeit und dem Europa oder Amerika des ersten Weltkrieges sehr groß. Die Ähnlichkeit zwischen dem Sagastil und seiner modernen Entsprechung geht vielleicht auch nicht ganz so weit, wie es auf den ersten

Blick scheinen möchte. Während das kühle und objektive Timbre in den Sagas organisch wirkt, ist es in der Prosa unserer Zeit eher das Zeichen einer Reaktion auf Sentimentalität und einen machtlosen Idealismus. Deshalb macht die hartgesottene Erzählkunst nicht selten einen etwas verkrampften Eindruck, der dem Sagastil in seiner ruhigen und selbstverständlichen epischen Souveränität völlig fremd ist. Auch findet man in späterer Literatur die nüchterne objektive Darstellungsweise nicht annähernd mit der gleichen Konsequenz angewandt wie in den isländischen Sagas, wenn man vielleicht von besonderen Ausnahmefällen einmal absieht.

Der Sagastil scheint ein einmaliges Phänomen zu sein, und späteren Versuchen, seine Kunstmittel wieder aufzugreifen und zu erneuern, ist selten Erfolg beschieden gewesen. Er ist und bleibt der Ausdruck eines bestimmten Volkes in einer ganz bestimmten Epoche, Ausdruck seiner Ideale, seiner Menschenauffassung und seines künstlerischen Strebens.

Träume und Schicksal

Jedem Leser der isländischen Sagas wird auffallen, daß die Träume darin eine so große Rolle spielen; man hat einen Durchschnitt von drei bis vier Träumen je Saga errechnet. Das beruht nicht zuletzt darauf, daß der Traum häufig zum Träger des Schicksalsglaubens werden muß, der die Lebensanschauung der Sagamenschen kennzeichnet. Nicht selten offenbart sich das Schicksal eines Menschen in seinen eigenen Träumen oder in denen anderer.

Der Traum als Motiv in der Dichtung ist immer und überall bekannt gewesen. Das ist nicht verwunderlich, wenn man an die Ähnlichkeit des Traums mit Phantasiebildern und freiem Fabulieren denkt. Er läßt eine Welt erstehen, die von den normalen Gesetzen der Logik und der Kausalität unabhängig ist. Der Traum fasziniert durch seine Rätselhaftigkeit. Er ist mehr, als er von außen zu sein scheint.

Im Altertum — sowohl im semitischen wie im griechisch-römischen und im germanischen — gab es einen Traumglauben, der durch Religion und Lebensanschauung unterbaut wurde. Die Eigenart des Traums bestand darin, daß er den Menschen von übernatürlichen Mächten eingegeben wurde. Einem solchen Traum mußte man natürlich eine besondere Bedeutung beimessen. Auf richtige Art interpretiert, konnte er auf Zukünftiges vorausweisen, das Schicksal des Menschen offenbaren. In der antiken Literatur erscheint der Traum gewöhnlich als eine Form von Prophetie, und diesen Charakter der Weissagung haben die Traumdarstellungen in der Dichtung lange behalten. Die gleiche Auffassung vom Traum ist hier und da im Volksglauben auch noch heute erhalten. Dagegen hat der Traum nach moderner Erklärung bekanntlich eine völlig andere Bedeutung. Vor allem unter dem Eindruck der Psychoanalyse interpretiert man ihn nicht mehr als eine Offenbarung des Schicksals, sondern als einen Erguß aus der eigenen Psyche des Träumenden. Den dunklen Kräften des unterbewußten Seelenlebens wird ein größerer Spielraum zuteil, wenn die Kontrolle und die Hemmungen des Wachseins fortfallen. Wünsche und Komplexe, die das Individuum im wachen Zustand nicht wahrhaben will, offenbaren sich in den sinnreichen Maskierungen des Traums.

Es ist klar, daß man die Träume der isländischen Saga nicht im Licht der psychoanalytischen Traumdeutung sehen darf. In dieser Literatur ist der Traum künstlerisch verwendet, und zwar in seiner uralten Funktion, auf kommende Ereignisse hinzuweisen. In der Regel bedeuten die Träume der Sagas Unglück; sie verheißen Kampf und Tod. Häufig sind sie in Form und Inhalt ziemlich stereotyp. Ein immer wiederkehrender Zug ist es, daß ein Feind in Gestalt eines gefährlichen Tieres erscheint. Zumindest in einigen Fällen ist es deutlich, daß man die Tiergestalten als *fylgjur* oder Schutzgeister der betreffenden Personen aufgefaßt hat.

In der *Droplaugarsona saga* hat Helgi, eine der Hauptgestalten, eines Nachts einen schrecklichen Traum, den er am nächsten Tag einem Gefährten erzählt:

„Mir war," sagte Helgi, „als ob wir den gleichen Weg nähmen wie jetzt, durch das Eyvindartal nach Kálfshváll. Da stürzten uns achtzehn oder zwanzig Wölfe entgegen, einer von ihnen war viel größer als alle anderen. Wir wollten auf die Anhöhe hinauf, kamen aber nicht vorwärts. Sie fielen uns sofort an. Einer von ihnen legte seine Tatze auf mein Kinn und meine Zähne, und da erwachte ich."

Helgis Gefährte ist sogleich bereit, den Traum zu deuten. Irgendwo auf dem Wege lägen Männer im Hinterhalt und lauerten Helgi auf; ihr Anführer sei der Häuptling Helgi Ásbjarnarson. Trotz dieser Warnung will Helgi seinen Reiseweg nicht ändern, und der Traum verwirklicht sich haargenau. Er und seine Männer werden von einer achtzehn Mann starken Schar unter Helgi Ásbjarnarson überfallen. Sogar der Einzelzug mit der Wolfstatze an seinem Kinn und seinen Zähnen findet seine Entsprechung in der Wirklichkeit. Bevor Helgi schließlich fällt, wehrt er einen Hieb mit seinem Schild ab. Das Schwert seines Gegners gleitet ab und fährt Helgi ins Gesicht, trifft die Kinnlade und reißt die Unterlippe fort.

Die Beispiele für Träume, die auf bestimmte Episoden anspielen — auf einen Streit, einen Totschlag und dergleichen — ließen sich vermehren. Seltener ist es, daß ein Traum oder eine Reihe von Träumen einen längeren Ereignisverlauf ankündigen. So ist es in der *Gunnlaugs saga ormstungu,* wo Þorsteins Traum von Anfang an die Entwicklungslinien der gesamten anschließenden Handlung anzeigt. Im Bild von dem blutigen Streit der beiden Adler um das Schwanenweibchen symbolisiert der Traum Gunnlaugs und Hrafns Kampf um Helga in fagra. Die Ankunft des Falken nach dem Tode der Adler und seine Flucht zusammen mit dem Schwan weisen auf Helgas Ehe mit einem dritten Mann hin.

In der *Laxdœla saga* hat Guðrún Ósvífrsdóttir im Winter vor ihrer ersten Heirat vier verschiedene Träume, die auf ihre vier Ehen und deren Ausgang vorausdeuten. Sie selbst kann die Träume nicht erklären und hat nicht die geringste Ahnung, worauf sie sich beziehen. Sie wendet sich an den Häuptling Gestr, „einen weisen Mann, der oft in die Zukunft vorauszublicken vermochte“, um sich von ihm bei der Deutung helfen zu lassen. Jeder einzelne von diesen Träumen bezieht sich auf einen bestimmten Gegenstand, auf etwas ganz Konkretes.

In ihrem dritten Traum trug Guðrún einen Goldreif am Arm. Es war ihr, als ob er ein Ersatz für einen verlorenen Silberreif wäre, — ein Traumsymbol für ihren späteren zweiten Mann, der ertrinken sollte. Aber sie fand, daß dieser Reif ihr nicht um so viel besser stand, wie Gold kostbarer als Silber ist. Sie träumte weiter, daß sie zu Boden fiel und sich auf die Hand stützen wollte. Dabei schlug der Goldreif gegen einen Stein und zersprang, und aus beiden Teilen rann Blut. Sie erinnerte sich, daß der Reif schon zuvor einen Sprung gehabt hatte. Und als sie jetzt die Teile genau betrachtete, meinte sie mehrere Sprünge wahrzunehmen. Es war ihr, als ob der Reif noch hätte heil sein können, wenn sie besser auf ihn achtgegeben hätte. Dieser Reif bedeutet nach Gestr, daß Guðrún einen dritten Mann heiraten werde. Aber er werde nicht um so viel besser sein als der vorherige, wie Gold kostbarer als Silber ist. Gestr ahnt, daß zu jener Zeit ein neuer Glaube aufkommen und daß Guðrúns Mann diesem Glauben anhangen wird, den er für besser und wertvoller als den alten hält. Daß der Reif, zum Teil durch Guðrúns eigene Unachtsamkeit, zersprang und aus den Stücken Blut rann, bedeutet, daß dieser dritte Mann erschlagen werden wird. Im weiteren Verlauf der Erzählung heiratet Guðrún Bolli, der sich, zusammen mit seinem Verwandten und Ziehbruder Kjartan, in Norwegen hatte taufen lassen. In Wirklichkeit aber liebt Guðrún Kjartan, und Bolli hat sie lediglich durch teilweise irreführende Angaben über seinen Ziehbruder für sich gewinnen können, während jener sich im Ausland befindet. Es handelt sich hier also um ein Dreiecksdrama, das stark an ein anderes zwischen Helga, Gunnlaugr und Hrafn in der *Gunnlaugs saga ormstungu* erinnert. Es ist schwierig, die genaue Entsprechung zu den Sprüngen am Reif des Traums in der Wirklichkeit anzugeben. Es ist möglich, daß sie auf gewisse Fehler im Charakter Bollis, vor allem etwa auf seine folgenschwere Unaufrichtigkeit, anspielen sollen. Mehr Wahrscheinlichkeit hat es für sich, sie auf das gesamte labile Verhältnis zwischen Bolli und Kjartan und ihren Verwandten zu beziehen, das in Bollis und Guðrúns Heirat seinen Grund hat. Bolli wird von seiner Frau hart bedrängt, Kjartan zu erschlagen. Als er schließlich widerwillig diesen Frevel an seinem Ziehbruder begangen hat, trifft ihn selber die Rache, und er fällt Kjartans Brüdern zum Opfer. So kann man Guðrún von einer gewissen Teilhabe an Bollis Tod nicht freisprechen, wie ja auch Gestr ihren Traum von dem zersprungenen und blutenden Reif ausgelegt hatte.

Es ist nicht nötig, hier auch noch den vierten Traum und seine Deutung wiederzugeben. Wie schon der zweite, so läuft auch dieser auf einen Tod durch Ertrinken hinaus. Bezeichnenderweise enthält der Bericht darüber, wie Guðrúns vierter Traum in Erfüllung geht, noch einen weiteren kürzeren Traum. Guðrún war eine Reihe von Jahren mit dem mächtigen Häuptling Þorkell Eyjólfsson verheiratet. Diesem träumt einmal, er habe einen Bart, der so lang ist, daß er über den Breiðafjord hinüberreicht. Er bittet Guðrún, den Traum zu deuten. Guðrún fragt ihn, was er selbst glaube. Þorkell deutet den Traum so, daß seine Macht einmal den gesamten Breiðafjord umfassen werde. „Das ist möglich", sagt Guðrún, „aber ich glaube eher, er bedeutet, daß du deinen Bart in den Breiðafjord tauchen wirst." Guðrún ist ja zuvor selbst durch ihren eigenen Traum und Gests Deutung im voraus auf das Ende Þorkels hingewiesen worden. Dieses Wissen teilt der Leser mit ihr. Als Þorkell jetzt seinem Traum eine optimistische und etwas übermütige Deutung gibt, entsteht jener Effekt, den man gewöhnlich als tragische Ironie bezeichnet.

In der *Laxdœla* und der *Gunnlaugs saga ormstungu* haben die Träume nicht nur eine Schlüsselstellung als eine Art symbolischer Zusammenfassung des gesamten zentralen Handlungsverlaufs. Sie gehören einem komplizierteren Typ an als die einfachen Träume von angreifenden Wölfen und anderen Untieren. Diese beiden Sagas erwecken auch mit ihren Traumdarstellungen den Eindruck eines Stilideals, das stärker romantisch ist als das der reinen isländischen Familiensaga. Þorsteins Traum in der *Gunnlaugs saga ormstungu* ist wahrscheinlich an Kriemhilds

Traum im *Nibelungenlied* orientiert. In beiden Fällen handelt es sich um zwei Adler und einen Falken, und in beiden Dichtungen ist der Falke ein Bild für den Mann, mit dem die Frau sich vermählt. In der *Laxdœla* fällt auf, daß die symbolischen Gegenstände, von denen Guðrún träumt, in zwei Fällen Armringe aus Gold und Silber sind, im vierten Traum ein mit Edelsteinen geschmückter Goldhelm. Das ist für diese Saga äußerst charakteristisch, weil sie auch sonst eine Vorliebe für ritterlichen Prunk an den Tag legt.

Eine ungewöhnlich dominierende und ziemlich eigenartige Rolle spielt der Traum in der *Gísla saga Súrssonar*. Von dem Helden der Saga heißt es unter anderm, er sei „klug und traumkundig gewesen, und seine Träume seien in Erfüllung gegangen". Ein feiner Zug dieser Saga — bemerkenswert übrigens unter mehreren Gesichtspunkten — ist es, daß sie die Träume in Gíslis Dasein zu einer wirklichen Macht erst hat werden lassen, seit er nach einem Totschlag verbannt wurde. In dieser Situation muß sich die Grübelei über die eigene Zukunft mit vermehrter Kraft einstellen. Die notgedrungene Einsamkeit vergrößert die Empfänglichkeit für die Eingebungen des Traums. Einmal im Herbst, als Gísli sich heimlich auf dem Hof bei seiner Frau Auðr aufhielt, die in seiner Verbannung treu zu ihm stand, schlief er unruhig. Als er erwachte, fragte Auðr ihn, was er geträumt habe:

„Zwei Frauen kommen in meinen Träumen vor", sagte er. „Die eine ist mir gewogen und gibt mir glückbringende Ratschläge, die andere aber sagt mir stets etwas, was schlechter ist als das, was zuvor war, und prophezeit mir nur Unglück. Nun träumte ich, ich ging auf ein Haus oder eine Halle zu, und mir war, als ginge ich hinein, und drinnen erkannte ich viele Verwandte und Freunde. Sie saßen an Feuern und tranken, und es waren sieben Feuer. Einige waren beinahe niedergebrannt, etliche aber brannten hell. Da kam meine gute Traumfee herein und sagte, die Feuer bezeichneten die Zeit, die ich noch zu leben hätte. Und sie riet mir, mich, solange ich noch am Leben sei, vom alten Glauben abzuwenden und niemals Zauberei und alten Heidenbrauch zu lernen, Gutes zu tun an Lahmen und Blinden und an jenen, die geringer als ich seien. Dann war der Traum zu Ende.“

Diese Erscheinung einer bösen und einer guten Frau kehrt von nun an in Gíslis Träumen regelmäßig wieder. Entweder ist es die böse oder aber die gute, die ihm am meisten zu sagen hat. Besonders im Herbst, da die Nächte länger zu werden beginnen, stellen sich diese Traumgesichte bei Gísli ein. So träumt er in einem Herbst des öfteren, daß die böse Frau zu ihm kommt und ihn mit Blut waschen will. Schließlich, als alle sieben Jahre, die ihm im Traum von den sieben Feuern zugemessen worden waren, abgelaufen sind und sein Tod unmittelbar bevorsteht, erreichen Gíslis schwere Träume ihren Höhepunkt. Sobald er die Augen zumacht, wird er von bluttriefenden Bildern verfolgt, — ein Werk der bösen Traumfee. Von da an fürchtet er die Finsternis und wagt nicht, irgendwo allein zu sein. Seinen letzten Kampf aber gegen eine Übermacht besteht er als ein Held.

Der Traum in den isländischen Sagas darf, wie schon erwähnt worden ist, nicht unmittelbar psychologisch aufgefaßt werden als Zeugnis für den Seelenzustand des Träumenden, sondern als Eingebung, die dem Menschen von außen zuteil wird, von einer geheimnisvollen Macht außerhalb seines eigenen Ichs. Anderseits stellt sich der Traum vor allem bei Menschen ein, die einen besonderen Anlaß haben, über ihr Schicksal beunruhigt zu sein. Das beste Beispiel dafür ist Gísli Súrsson selbst. Der heutige Leser gewinnt den Eindruck, daß der Dualismus in Gíslis Träumen unmittelbar den Kampf zwischen Furcht und Hoffnung widerspiegelt, der in seiner Brust tobt, — wenngleich dem Verfasser der Saga das möglicherweise nicht bewußt in dieser Weise vor Augen stand.

Wie zuvor angedeutet, besteht zwischen Traum und Schicksalsglauben in den isländischen Sagas ein enger Zusammenhang. Die *Laxdœla* und die *Gísla saga Súrssonar* liefern nicht nur einige der wichtigsten Beispiele für Träume; sie zeichnen sich ebenfalls durch einen ausgeprägten Fatalismus aus. Der Traum ist ein Mittel, den Schicksalsglauben künstlerisch zu gestalten. Jedoch kommt dieser auch auf mancherlei andere Weise zum Ausdruck. Tatsächlich ist der Schicksalsglaube einer der integrierenden Bestandteile in der isländischen Sagawelt. Er liefert in vielen Fällen den Schlüssel zu Worten und Taten der Menschen, zu ihrem Bild von sich selbst und anderen. Wie A. U. Bååth festgestellt hat, zieht sich der Schicksalsglaube wie ein roter Faden und zugleich als eine Art Kompositionsprinzip nicht zuletzt durch die kompositionell und künstlerisch wertvollsten Sagas.

Es ist nicht ohne weiteres klar, was Schicksal und Schicksalsglaube eigentlich bedeuten. Vor allem gilt es, zwischen Schicksalsglauben und Gottesglauben einen Trennungsstrich zu ziehen. Von Gottesglauben ist überall da die Rede, wo der Mensch auf das Vermögen der göttlichen Macht vertraut, seine Wünsche zu erfüllen, und seinen eigenen Gebeten und Opfern die Kraft zumißt, auf die Entwicklung Einfluß zu nehmen. Wird er dagegen vom Schicksalsglauben beherrscht, so sieht er sein Dasein von einer unausweichlichen und unbeeinflußbaren Notwendigkeit gelenkt. Wenn man jedoch mit irgendwelchen magischen Handlungen oder Worten das Geschick zu beeinflussen suchte, würde das dagegen implizieren, daß man dieses Schicksal nicht in der strengeren Bedeutung des Wortes begreift. Unter der Bezeichnung von Schicksalsmächten würde man dann Geister oder Götter verehren, die menschlichen Wünschen zugänglich wären. Das wirkliche Schicksal indessen muß ohne jede Einschränkung hingenommen werden.

Es ist klar, daß ein konsequenter Schicksalsglaube für die moralische Beurteilung von Menschen bedeutende Folgen haben muß. Die kühle und objektive Menschendarstellung der isländischen Sagas, die in der Regel auf jede ethische Wertung in unserem Sinne verzichtet, hängt allem Anschein nach mit dem Schicksalsglauben eng zusammen. Das heißt jedoch nicht, daß Sagamensch und Sagaverfasser keine moralische Norm besäßen. Nicht zuletzt in seiner Einstellung dem eigenen Schicksal gegenüber kann der Mensch der Saga seinen inneren Wert unter Beweis stellen. Er kann ihm gebrochen und resignierend gegenübertreten, oder aber aufrecht und in heroischer Bejahung. Da offenbart er seinen menschlichen Wert und begründet selbst seinen Nachruhm: das Urteil über den Toten.

Die beste Vorstellung davon, wie sich der Schicksalsglaube in der Welt der isländischen Saga äußert, verschafft man sich, indem man einige Sagas einzeln ins Auge faßt.

Als Þorsteinn Egilsson in der *Gunnlaugs saga ormstungu* durch seinen Traum von dem Schwan, den Adlern und dem Falken in Unruhe versetzt worden ist, befiehlt er, daß sein noch ungeborenes Kind ausgesetzt werden solle, falls es ein Mädchen sei. Mit dieser Verfügung glaubt er die Prophezeiung des Traums durchkreuzt zu haben. Seine Frau aber bringt das Kind in seiner Abwesenheit zur Welt und schafft es in Sicherheit. Und als Þorsteinn sechs Jahre danach die Wahrheit erfährt, fügt er sich in das, was geschehen ist, und meint dazu unter anderm: „Zumeist kommt es, wie es kommen soll" (wörtlich: „es fällt dahin, wohin es will"). Als der erste Zweikampf zwischen den Rivalen Gunnlaugr und Hrafn unentschieden endet, sehen ihre Verwandten ein, daß sie die beiden an einer Wiederholung des Kampfes in Norwegen nicht hindern können. (Nach dem Holmgang zwischen Gunnlaugr und Hrafn wurde, wie die Saga berichtet, diese Art von Kraftprobe auf Island gesetzlich verboten.) Ihr Entschluß, sich im Ausland wiederum gegenüberzutreten, wird von den Worten begleitet: „Die Verwandten beider Männer bedauerten diesen Entschluß sehr, konnten jedoch wegen ihres Eifers daran nichts ändern. Und außerdem, — wie das Schicksal es bestimmte, so mußte es kommen." (Wörtlich: „mußte es kommen, wie es sich zusammenzog.") Das bedeutet also, daß Gunnlaugr und Hrafn fallen müssen. Das Geschehen „fällt" oder „zieht" seiner Vollendung entgegen, — ohne daß überirdische, geheimnisvolle Mächte eingreifen. Das Schicksal, der unabänderliche Ablauf der Ereignisse, scheint einerseits im Charakter der handelnden Personen begründet zu sein, anderseits in den äußeren Umständen. Die Menschenauffassung der Saga ist betont deterministisch.

Die Haupthandlung der *Laxdœla saga* nimmt, wie schon erwähnt, ihren Ausgang bei Guðrún Ósvífrsdóttir und den beiden Männern Kjartan und Bolli, die miteinander verwandt und außerdem Ziehbrüder sind. Kjartan entstammt einer vornehmen Familie; von ihr heißt es, sie sei mit *gipta* oder *hamingja* gesegnet gewesen; die beiden isländischen Wörter bezeichnen das „Glück" und den „Erfolg", die einem Geschlecht oder einem Menschen gegeben sind. (Das Wort *gipta* hängt etymologisch mit dem Verb *gefa* zusammen und bezieht sich also auf etwas, was einem gegeben, zuteil geworden ist.) Aber dieses Glück ist nicht von Dauer. Der weise Gestr sieht mit prophetischem Blick voraus, daß Kjartan seinem Ziehbruder Bolli unterliegen und Bolli seinerseits bei dieser Gelegenheit fallen wird. „Es ist furchtbar," gesteht Gestr seinem Sohn, „dieses im voraus von zwei so ausgezeichneten Männern zu wissen." Nach Guðrúns ersten beiden Ehen entwickelt sich zwischen ihr und Kjartan eine innige Zuneigung. Ihre Väter Ósvífr und Óláfr verbindet ebenfalls feste Freundschaft. Kjartans Vater aber hat böse Ahnungen und vertraut sie seinem Sohn an:

„Ich weiß nicht," sagte er, „warum mir stets das Herz schwer ist, wenn du dich nach Laugar begibst und mit Guðrún sprichst. Es ist nicht darum, daß ich nicht Guðrún vor alle anderen jungen Frauen stellen würde. — Aber ich habe eine Vorahnung *(hugboð)* — doch will ich nichts prophezeien —, daß es unserer Familie und den Leuten in Laugar am Ende kein Glück *(gæfa)* bringen wird, daß sie miteinander zu tun haben."

Bolli und Kjartan ziehen nach Norwegen, wo sie König Olaf Tryggvason so unter Druck zu setzen weiß, daß sie sich taufen lassen. Kjartan ist einer von jenen Isländern, die der Köng dazu ausersieht, als Geisel in Norwegen zu bleiben, bis das Christentum auf Island angenommen sei. Bolli dagegen darf zurückkehren. Es gelingt ihm nunmehr, Guðrún für sich selbst zu gewinnen. Sie steht seinem Drängen jedoch sehr widerstrebend gegenüber und gibt erst nach, als er ihr eingeredet hat, es beständen nur geringe Aussichten, daß Kjartan wiederkehren würde.

Als aber schließlich das Christentum auf Island angenommen worden war, durfte Kjartan den norwegischen Hof verlassen, wo er sich großes Ansehen erworben hatte, und zu seinem Schiff zurückkehren. König Olaf blickte ihm nach und sagte: „Schweres ist Kjartan und seiner Familie vorausbestimmt, und es wird nicht leicht sein, ihr Schicksal *(forlög)* abzuwenden."

Nach seiner Heimkehr bemüht sich Kjartan um ein freundschaftliches Verhältnis zu Guðrún und Bolli. Auch verheiratet er sich mit einer anderen Frau. In dieser Situation aber schlägt Guðrúns frühere Liebe zu Kjartan in Haß um — jedenfalls äußert sie sich so —, und Guðrún stachelt ihre Brüder an, ihn zu erschlagen. Die Tragik wird dadurch noch vertieft, daß sie obendrein ihren Mann Bolli, Kjartans Ziehbruder, aufhetzt, sich daran zu beteiligen. Zynisch erwidert sie auf seine Einwände: „Du sprichst die Wahrheit, aber es ist dir nicht vergönnt *(eigi muntu bera giptu)*, so zu handeln, daß du es allen recht machst, und wenn du dich jetzt drückst, ist es mit unserer Gemeinschaft aus."

In der Nähe der Stelle, an der Kjartan und seine Gegner zusammentreffen, hält sich ein Hirtenjunge mit seinem Herrn auf. Der Knabe erblickt beide Gruppen, die Männer aus Laugar im Hinterhalt und Kjartan, der mit nur zwei Begleitern heranreitet. Er will hinlaufen, um Kjartan zu warnen, doch der Bauer hält ihn zurück: „Sei sofort still! Meinst du vielleicht, du Dummkopf, du kannst einem Menschen ein längeres Leben schenken, wenn sein Tod bestimmt ist?" (*„ef bana verðr auðit"* = wenn der Tod einem beschieden ist; dieses Wort *auðit*, das das Partizip eines sonst veralteten Verbs ist, liegt dem schwedischen Wort *„öde"* = Schicksal zu Grunde.)

Als die Gegner aufeinanderstoßen, hält sich Bolli so lange wie möglich aus dem Streit heraus. Aber er wird von seinen Gefährten angestachelt, die mit Kjartan nicht allein fertig werden, zieht sein Schwert und versetzt seinem erschöpften und resignierenden Ziehbruder den Todesstreich. Diese Tat, die Bolli nur mit halbem Herzen ausführt und im gleichen Augenblick auch schon wieder bereut, ist das große Unglück seines Lebens, sein *óhapp*, um den Ausdruck der Saga zu benutzen. Sie führt ja dann auch zu seinem eigenen Tod durch die Brüder Kjartans.

Das Geschehen um Guðrún ist als ein von weisen Menschen vorausgesehenes, unabänderliches Schwinden des Glücks dargestellt. Das Schicksal tritt nicht als eine Art *deus ex machina* auf, der sich plötzlich offenbart und den Ereignissen eine bestimmte Wendung gibt. Vielmehr ist die Entwicklung, jedenfalls in den Augen des heutigen Lesers, recht gut in den Charakteren selbst begründet, vor allem in Guðrúns. Zugleich muß man zugeben, daß die zahlreichen Vorahnungen und Träume deutlich auf die Existenz einer unpersönlichen Macht hindeuten, die zwar außerhalb der Menschen steht, das Geschehen jedoch durch sie lenkt. Damit aber ist diese Macht keine Vorsehung, sondern eine unbewegliche, eisige Notwendigkeit.

Klar und bewußt ist die *Gísla saga Súrssonar* darauf angelegt, daß der Leser das Schicksalhafte im Handlungsablauf empfindet. Das macht eine Untersuchung einiger entscheidender Episoden unmittelbar deutlich.

Auf einem Frühjahrsting saßen die Leute aus dem Haukadalr (Habichtstal) in aller Eintracht bei einem Trinkgelage zusammen. Der weise Gestr aber — der gleiche hellseherische Mann, der uns in der *Laxdœla saga* begegnete — sagte voraus, es würden über drei Jahre nicht alle aus ihrer Schar so einig wie diesmal beisammensein. Es war auch bekannt, daß unter den Leuten aus dem Haukadalr gewisse Mißhelligkeiten bestanden, wenn es auch bis dahin noch nicht zum offenen Bruch gekommen war. Gísli, der unter ihnen das feinste Empfinden für das hatte, was bevorzustehen schien, wollte sein Bestes tun, damit Gests Wahrsagung nicht einträfe. Deshalb schlug er vor, daß sie sich durch Blutsbrüderschaft verbänden, um den Zusammenhalt zwischen den Verwandten zu stärken. Das betraf vier Männer: die Brüder Gísli und Þorkell und ihre Schwäger Þorgrímr und Vésteinn. Þorgrímr war mit Þórdís, der Schwester der Súrssöhne, verheiratet, und Gísli mit Vésteins Schwester Auðr. Bei dieser Zeremonie sollten sie einen Eid schwören, daß sie jeden einzelnen von ihnen rächen würden, und sollten alle Götter zu Zeugen ihres Gelöbnisses machen. Als sie aber einander bei der Hand faßten, erklärte Þorgrímr, er habe genug auf sich genommen, wenn er das mit seinen Schwägern Þorkell und Gísli täte. Vésteinn meinte er nichts schuldig zu sein, — und damit zog er seine Hand von ihm zurück. Da tat Gísli dasselbe mit Þorgrímr: er wolle sich keine Verpflichtungen dem gegenüber aufladen, der sich mit seinem Schwager Vésteinn nicht solidarisch erkläre. Das Ergebnis bestand also zunächst einmal darin, daß sich, Gíslis Absicht gerade entgegen, deutlich die Risse im Verhältnis zwischen diesen vier Männern zeigten. Er sagte auch danach zu seinem Bruder: „Nun kam es, wie ich es geahnt hatte, und zu nichts dient es, was zuvor getan worden ist. Nun nimmt das Schicksal *(auðna)* seinen Lauf, das ist meine Ansicht.“

Für Gísli ist es hinfort eine verantwortungsvolle Aufgabe, seinen geliebten Schwager und Schwurbruder Vésteinn vor lauernden Gefahren zu schützen. Als sie sich auf einer Auslandsreise trennen, fertigt Gísli eine kleine Metallplatte aus zwei Hälften an, die genau ineinander passen. Er selbst behält die eine und gibt Vésteinn die andere. Sie sollen als Botschaft zwischen den Schwägern dienen, wenn das Leben des einen bedroht sei. Gíslis *hugr* sagt ihm, daß dieser Fall eintreten werde.

Das Schicksal läßt denn auch nicht lange auf sich warten. Die Brüder Gísli und Þorkell verwalten ihren Hof gemeinsam. Eines Tages hört Þorkell ungesehen ein Gespräch zwischen seiner Frau Ásgerðr und der seines Bruders, Auðr, mit an. Diese wirft ihrer Schwägerin vor, sie unterhalte ein Verhältnis zu Vésteinn, und Ásgerðr bestreitet keineswegs, daß sie Vésteinn mehr liebe als ihren Mann. Auðr erschrickt, als sich zeigt, daß Þorkell ihre Worte gehört hat. Sie geht zu Gísli und bittet ihn, er möge ihr nicht böse sein und einen Ausweg zu finden versuchen:

„Einen Ausweg, der hier taugt, kann ich nicht finden," antwortet Gísli, „aber dir werde ich dies nicht vorwerfen. Es muß jemanden geben, der ausspricht, was das Schicksal *(skǫp)* gesagt haben will, und was geschehen soll, das muß seinen Lauf nehmen."

Þorkell, der bis dahin auf dem Hof als ein Schmarotzer von der Arbeit seines Bruders gelebt hat, ohne selbst viel Hand anzulegen, will jetzt den Besitz teilen. Obwohl Gísli selbst bei einer solchen Regelung nur gewinnen kann, widersetzt er sich dem. In ihm ist das Gefühl für das Geschlecht mit unverminderter Kraft lebendig, und er weiß, daß mit dem Ende der Besitzgemeinschaft auch der Zusammenhalt in der Familie zerbrechen kann. Doch Þorkell setzt seinen Willen durch und zieht zu seinem Schwager Þorgrímr, der ein Stück weit entfernt wohnt. Damit ist der Riß in der anfänglich beabsichtigten Blutsbrüderschaft noch größer geworden. Ein deutlicher Haß gegen Vésteinn tritt nun zu Tage. Zwar ist der beleidigte Ehemann Þorkell selbst durch seinen Eid gebunden. Þorgrímr aber steht es frei, die Rache an seiner Stelle zu vollziehen.

Als Gísli erfährt, daß Vésteinn von seiner Auslandsreise zurückgekommen ist, läßt er ihm sogleich eine Botschaft zukommen, und zwar in Form seiner eigenen Plattenhälfte. Der Zufall aber will es, daß Vésteinn einen andern Weg reitet als jenen, auf dem Gíslis Boten ihn zu treffen gedachten. Sie erreichen ihn erst im allerletzten Augenblick, und da läßt er sich nicht mehr zurückhalten. Hätten sie ihn früher getroffen, wäre er umgekehrt: „Hier aber stürzen alle Gewässer in den Dýrafjord hinab, und dahin will ich reiten." Dieses Bild vom strömenden Gewässer ist ein großartiges Symbol für die Unwiderruflichkeit des Schicksals, vielleicht das eindrucksvollste in der gesamten Sagaliteratur.

Als die Boten mit diesem Bescheid zu Gísli zurückkehren, sagt er nur: „So muß es nun kommen." Er hat getan, was in seinen Kräften stand, um den Lauf des Schicksals aufzuhalten, aber zuletzt scheint er zu resignieren. Es kommt ihm vor, als würde nun alles „in die gleiche Richtung weisen" *(einn veg á horfask)*. Selbst in dem Augenblick, da Vésteinn als Gast bei Gísli nachts in seinem Bett von einem Speer durchbohrt wird, verhält sich der Gastgeber merkwürdig passiv, obgleich er die unmittelbare Gefahr geahnt haben müßte. Es sieht beinahe so aus, als hätte Gísli sich selbst jetzt in den Dienst des Unabänderlichen gestellt.

Nach Vésteinns Tod ist es an Gísli, zuzuschlagen. Der Mord ist zwar heimlich geschehen, aber bei den Beziehungen zwischen den Männern kann kein Zweifel bestehen, wer der Täter ist. Gísli vollzieht seine Rache an Þorgrímr kaltblütig und überlegt und guten Gewissens, da er nur das Gelöbnis der Blutsbrüderschaft erfüllt. Mit der gleichen Tat aber entscheidet er auch über sein eigenes Geschick: sie führt zu seiner Verbannung und schließlich zu seinem Fall.

Hinter dieser Entwicklung läßt sich schwerlich irgendeine Form von Gerechtigkeit als leitendes Prinzip erkennen. Gísli ist ein rechtschaffener und wohlwollender Mann, der von Anfang an mehr als alle anderen unternimmt, um das drohende Unheil abzuwenden. Eine der schwersten Erfahrungen der alten Sagaautoren scheint die Erkenntnis gewesen zu sein, daß auch wertvolle Menschen leiden und untergehen müssen, — nur weil ihnen ein hinreichendes Maß an „Glück“ fehlt, jener Leben fördernden Macht, für die die Sprache eine Reihe von Bezeichnungen kennt: *gipta, gæfa, hamingja.* Ein solcher Mensch ist der verbannte Gísli, gegen den sich alles verschworen zu haben scheint. Die einzige Erklärung der Saga für sein persönliches Schicksal liegt darin, daß er kein „Glücksmann“ *(gæfumaðr)* gewesen sei.

Man könnte annehmen, daß ein Schicksalsglaube von der Art, wie er einem in den isländischen Sagas begegnet, zu vollkommener Resignation und zum Erlahmen jeglicher Aktivität führen müsse. Paradoxerweise aber ist das keineswegs der Fall. Gísli Súrsson weiß am Ende sehr wohl, daß er gerichtet ist und daß seine Verteidigung keinen praktischen Zweck mehr hat. In der Sommernacht vor seinem letzten Kampf schneidet er Runen in einen Stab und läßt die Späne auf die Erde fallen, offensichtlich um seinen Verfolgern den Weg zu zeigen. Seine Träume haben ihm offenbart, daß sein Ende naht. Diese Gewißheit aber lähmt ihn nicht. Vielmehr scheint sie ihm eine Art innerer Freiheit und Freudigkeit zu verleihen. Er setzt sich mit großartigem Widerstandswillen zur Wehr und ist entschlossen, seinen Angreifern den größtmöglichen Schaden zuzufügen. In einer letzten Strophe preist er seine treue Frau und dankt seinem Vater, der dem Sohn ein unbeugsames Herz vererbt habe. Und eine ähnliche Haltung zeigen zahlreiche andere Helden- und Idealgestalten der Sagas. Im eigentlichen Endkampf bejahen sie gleichsam ihr eigenes Schicksal mit einem höchsten Maß an klarem Bewußtsein, an Vitalität und Mut. Das gibt ihnen trotz allem eine Art stolzer Unabhängigkeit; ebensowenig wie die Griechen in Frödings „*Ur Anabasis*“ beugen sie sich „in Furcht und Wahnsinn grausamen Geschicken“. Insofern haben die Autoren der Sagas ihren vom Unglück gezeichneten Helden vielleicht doch poetische Gerechtigkeit widerfahren lassen. Denn die Aufmerksamkeit des Lesers wird sich kaum in erster Linie auf das unbewegliche und düstere Schicksal richten, sondern eher auf die heroische Haltung, die sie diesem gegenüber einnehmen, nicht auf die Niederlage sondern auf den Sieg.

Jedoch besteht wohl kaum ein paradoxer Gegensatz zwischen dem Schicksalsglauben der Sagas und ihrem Heldenideal. Man braucht sich erstens nicht jede Einzelheit eines Menschenlebens als schicksalsbestimmt vorzustellen. Man hat vielleicht mit einem Spielraum für Wollen und Handeln des Menschen in einem gewissen Umfang gerechnet, mag dieser nun enger oder weiter gewesen sein. Und zweitens werden die Menschen der isländischen Sagas in ihrer Handlungsweise keineswegs durch ihr Verhältnis zu metaphysischen Mächten bestimmt, sondern durch die Beziehung zu anderen Menschen, zum geltenden Ehrenkodex. Hier ist der Grund für ihre Haltung zu suchen. Daraus ergibt sich die Frage: welches sind die Lebenswerte, die die Saga an die Spitze stellt?

Lebenswerte und Ideale

In der *Fóstbrœðra saga* hat Þormóðr, eine der Hauptgestalten, sich einmal, um seinen Verfolgern zu entgehen, auf einer kleinen Insel in den Tang eingegraben. Þórdís, die die Suche nach ihm leitet, ahnt eine solche List. Sie befiehlt ihren Knechten, auf die Insel zu gehen und den Tang mehrmals mit Speeren gründlich zu durchstöbern. Þormóðr wird an mehreren Stellen verletzt, verrät sich jedoch durch keinen Ton und keine Bewegung. Die Knechte kehren unverrichteter Dinge zurück. Da sagt Þórdís: „Ich glaube, daß er sich hier auf der Insel befindet, obgleich ihr ihn nicht findet. Wenn nun Þormóðr meine Worte hören kann, so mag er mir antworten, wenn er den Mut eines Mannes und nicht den einer Mähre hat.“ Als Þormóðr diese Herausforderung hört, will er sogleich antworten; einem solchen Anwurf der Feigheit gegenüber ist er bereit, seine erfolgreiche List aufzugeben und sich einem sicheren Tod auszusetzen. Aber nach der Saga vermag er keinen Ton herauszubringen: es ist, als ob jemand ihm den Mund zuhielte.

Eine andere Episode der gleichen Saga schildert, wie die Schwurbrüder Þormóðr und Þorgeirr zusammen auf den Klippenrändern am Meer Engelswurz suchen. Da rutscht unter Þorgeirs Füßen eine Erdscholle ab, und es gelingt ihm im letzten Augenblick, eine Engelswurzstaude mit einer halbwegs kräftigen Wurzel zu ergreifen. Da hängt er nun über dem Abgrund, sechzig Klafter über den Felsen am Strand, ohne jede Möglichkeit, sich selbst hochzuziehen, und in ständiger Gefahr, daß die Staude, an der er sich hält, jeden Augenblick nachgeben kann. Er aber denkt nicht daran, seinen Gefährten zu alarmieren, der sich etwas höher auf dem Hang befindet. Statt dessen ruft Þormóðr ahnungslos nach ihm und fragt, ob er noch nicht genug Engelswurz beisammen habe. „Da antwortet Þorgeirr mit fester Stimme und unerschrockenen Herzens: ‚Ich möchte meinen, ich hätte genug, wenn der nach oben gelangt, den ich eben gerade umfasse.‘“ Das klingt Þormóðr verdächtig, er entdeckt Þorgeirs Notlage, steigt hinab und holt ihn glücklich im letzten Augenblick hinauf. Mehr Worte werden über die Sache nicht verloren.

Das sind nur einige Beispiele für einen Stolz, der in einem Maße kultiviert und verwundbar ist, daß er in den Augen des heutigen Lesers geradezu einen Anflug von Komik annimmt. Diese heroische Ideologie zeichnet sich am deutlichsten in besonders dramatischen Situationen ab, vor allem in der Todesstunde selbst. Gern schlägt sie sich in einem streng lakonischen Ausspruch nieder. In der Schlacht von Stiklastaðir ist Þormóðr Kolbrúnarskáld von einem eisenbeschlagenen Pfeil mitten ins Herz getroffen worden. Er hat den Pfeilschaft abgebrochen, und eine heilkundige Frau versucht, die Eisenspitze mit einer Kneifzange herauszuziehen, bringt es aber nicht fertig, weil die Wunde geschwollen ist und die Spitze nur wenig herausragt. Da bittet Þormóðr die Frau, mit einem Messer um das Eisen herumzuschneiden, und greift selbst zur Zange. Er zieht die Spitze samt ihren Widerhaken heraus, und daran hängen „Fasern des Herzens, einige rot, andere weiß, gelb und grün." Als Þormóðr das sieht, sagt er: „Der König hat uns gut genährt, Fett sitzt an den Wurzeln meines Herzens." Er spricht noch eine achtzeilige Strophe und stirbt, an eine Wand gelehnt.

Nicht viel schlechter kann es auch Grettis Bruder Atli. Als ihm ein Speer genau durch die Weichen gedrungen ist, stellt er sachlich fest: „Sie sind jetzt Mode, diese breiten Spieße", und fällt vornüber auf die Schwelle. Den Rekord aber in heroischem Lakonismus dürfte Vésteinn in der *Gísla saga Súrssonar* halten. Ein Meuchelmörder stößt ihm zur Nachtzeit einen Speer durch die Brust, als er im Bett liegt. „Hneit þar" („Das saß"), sagt Vésteinn und stirbt.

Nun muß man sich selbstverständlich davor hüten, Fälle wie diese zu verallgemeinern. Es handelt sich um Hauptgestalten und Helden, die mit einem keineswegs gewöhnlichen Maß an Mut und Ehrgeiz ausgestattet sind. Aber ihr Auftreten zeigt dennoch, in welcher Richtung das Ideal des Stolzes und der würdigen Haltung zu suchen ist. Es ist ein Ideal, das uns merkwürdig starr und unnahbar vorkommt. Es hat eine gewisse Verwandtschaft mit Geist und Stil der alten Skaldendichtung, bei der die eigentliche Form so stahlharte Forderungen an den Dichter stellt. Man könnte von einem Streben nach menschlicher Würde und menschlichem Stil sprechen, das ins Übermenschliche gesteigert ist. Wo dieses Ideal ganz unverfälscht zu Tage tritt, liegt seine Stärke vielleicht nicht zuletzt in seiner Einseitigkeit. Es basiert einzig und allein auf der Besorgtheit um das eigene Ansehen.

Die Ehre (isländisch *sómi, sæmð, virðing* usw.) ist das ethische Schlüsselwort in der Welt der isländischen Saga. Sie war keine abstrakte Idee sondern wurde tief und leidenschaftlich erlebt, als eine ebenso elementare Lebensnotwendigkeit wie das tägliche Brot. Am stärksten aber trat die Forderung der Ehre in den Heldengestalten hervor. Sie hebt sich sehr stark von dem Hintergrund ab, den der ausgeprägte Schicksalsglaube der Sagas bildet. Am Schicksal als solchem konnte nicht einmal der Held etwas ändern. Herr aber war er über seine eigene Haltung diesem Schicksal gegenüber, und diese war vor allem durch ein äußerst empfindliches Gefühl für die Forderung der Ehre bestimmt. Wenn man dieser Forderung Genüge tat, konnte man sich trotz allem als Herr über sein Leben und seinen Tod fühlen. Und hier spielt ebenfalls noch die Sorge um den Nachruhm mit hinein. Das Ansehen, zu dem man es im Leben gebracht hat, lebt im Ruhm weiter. Bis zu einem gewissen Grade muß dieser Ruhm die persönliche Unsterblichkeit ersetzen. Ein Glaube irgendwelcher Art an ein Fortleben nach dem Tode wird in der isländischen Saga äußerst selten angedeutet; niemals wird da von der Bewirtung der Gefallenen in Walhall gesprochen. Das Wort aus den *Hávamál* von dem „Urteil über den Toten“ hat sich dem Bewußtsein der Sagahelden eingeprägt. In verzweifelten Situationen verleiht ihnen der Gedanke Kraft, daß sie eine Tat vollbringen, von der die Nachwelt sprechen wird.

Der empfindliche Stolz, die ängstlich behütete Ehre sind also in hohem Grade sozial bedingt. Den Menschen der Saga ist es keineswegs gleichgültig, was ihre Mitmenschen über sie denken und sagen. Beispiele dafür, daß der einzelne sich über die allgemeine Auffassung hinwegsetzt, sind äußerst selten. Man sollte meinen, daß es nahegelegen hätte, die großen geächteten Gestalten als heldenhafte Misanthropen zu zeichnen. Ein solcher Individualismus, der sich selbst genug wäre, ist nicht bezeugt. Würde und Ansehen eines Menschen sind nicht seine reine Privatsache. Und ein freier Mann ist nicht imstande, ein Leben ohne Ehre zu führen, jedenfalls nicht ein Leben als angesehener Mitbürger.

Die Menschen der Saga müssen ständig bereit sein, ihre Ehre zu verteidigen. Die alte isländische Sprache hat zahlreiche Ausdrücke nicht nur für den Begriff der Ehre, sondern auch für Schmach und Ehrverletzung verschiedenster Art. Die Sagas sind bekanntlich reich an mehr oder weniger giftigen Anzüglichkeiten, nicht zuletzt an Spitzen, die sich auf Unmännlichkeit u. ä. beziehen. Alle solche Schmähungen aber bedeuten, daß die Ehre des Betreffenden angeschlagen war. Ließ er das stillschweigend geschehen, konnte das leicht verhängnisvoll werden. Der einzelne durfte auf die Dauer keine ihm angetane Schmach auf sich sitzen lassen, ohne schließlich als niedriger Mensch angesehen zu werden. Und das betraf nicht nur ihn allein. Als Glied einer Sippe setzte er auch das Ansehen der gesamten Familie aufs Spiel, und zwar sowohl das der Lebenden wie auch das früherer und kommender Generationen. Die Ehre war ein kostbares und unersetzliches Gut, das nicht verschleudert werden durfte. Von ihm hing alles ab, was das Leben lebenswert machte.

Die Empfindlichkeit für die verschiedenen Formen von Kränkungen mußte sich unter solchen Umständen verstärken. Trotz des Bewußtseins, welches Risiko damit verbunden war, scheint es vielen Menschen der Saga schwergefallen zu sein, ihre Schmähungen und Sarkasmen zu unterdrücken. So entstanden zahlreiche Gelegenheiten, sich verletzt zu fühlen und eine entsprechende Vergeltung dafür zu fordern. Die Sagas liefern eine Unmasse von Beispielen dafür, wie heftig die Reaktionen in solchen Fällen waren, möglicherweise sogar gewalttätiger als bei manchen anderen, viel augenfälligeren Übergriffen auf Leben und Besitz.

In der *Njála* wird berichtet, wie Hallgerðr voll Hohn von Njáll als dem bartlosen Greis und von seinen Söhnen als „Dungbärtlern" spricht. Außerdem fordert sie einen Mann auf, ein paar Verse zu diesem Thema zu schmieden. Dieser tat das auch, „und alles waren Schmähverse", das heißt, sie enthielten Vorwürfe wegen mangelnder Männlichkeit. Einige umherziehende Bettelweiber tragen diese Rede der Hausherrin von Bergþórshváll zu. Diese ihrerseits gibt die Neuigkeit an ihren Mann und ihre Söhne weiter, als man sich zu Tisch gesetzt hat, und zwar mit den Worten: „Geschenke habt ihr bekommen, der Vater und die Söhne, und viel von Männern habt ihr nicht an euch, wenn ihr keine Gegengeschenke macht." Und sie beendet ihre Worte mit einer weiteren Reizrede, die direkter als die vorherige ist: „Und wenn ihr diese Schmach nicht rächt, dann werdet ihr nie etwas rächen." Die Männer versuchen in ihren Antworten, die Schmähung zu bagatellisieren, aber ihre innere Erregung läßt sich nicht verleugnen:

„Das Mütterchen findet es nett, uns aufzureizen," sagte Skarpheðinn und verzog den Mund, doch standen ihm Schweißperlen auf der Stirn, und seine Wangen waren rot gefleckt, und das war bei ihm nicht gewöhnlich. Grímr saß schweigsam da und biß sich auf die Lippe. Helgi verzog keine Miene."

Schon am gleichen Abend, als die Leute auf dem Hof ins Bett gegangen sind, ziehen die Njálssöhne aus und erschlagen den Schmähdichter Sigmundr. „Heil dem Werk eurer Hände", ruft ihr friedliebender Vater aus, als sie mit der Nachricht zurückkehren.

Gunnarr von Hlíðarendi bekommt einmal eine Schramme von einem Sporn, als ein Mann an ihm vorübergaloppiert. Bei einem Gastmahl deutet jemand an, Gunnarr habe geweint, als Otkell ihn überritt und sein Ohr aufritzte. Von einem Hirten wird Gunnarr selbst diese Äußerung zugetragen, und dieser antwortet: „Worte nehmen wir uns nicht zu Herzen, aber von jetzt an brauchst du keine anderen Geschäfte auszurichten als du willst." Diese Gunstbezeugung ist natürlich ein Ausdruck dafür, wie hoch Gunnarr die Mitteilung des Hirten bewertet. Er macht sich auch sogleich bereit, sich von diesem Schimpf reinzuwaschen. Laut singt seine Hellebarde, als er sie ergreift. „Nun bist du zornig, mein Sohn," sagt seine Mutter, „nie habe ich dich zuvor so gesehen." Die Schmähreде, die sich verbreitet hat, ist wohl in diesem Fall schicksalsschwerer als die ursprüngliche Episode selbst. Im gleichen Augenblick, wo diese dem Volk auf die Lippen kommt und als ein Zeichen für Gunnars Schwachheit ausgelegt worden ist, hat sie für seinen Namen und für seinen guten Ruf eine brennende Aktualität erlangt. Es ist für ihn zur

Ehrensache geworden, Rache zu nehmen. Der Kommentar der Saga zu Gunnars gründlicher Vergeltung ist ebenfalls bezeichnend: „Diese Neuigkeiten wurden jetzt bekannt, und viele meinten, es sei nicht früher geschehen, als man es habe erwarten dürfen.“

Wenn es um Ansehen und Rache für eine Familie geht, spielen nicht zuletzt die Frauen der Saga eine bedeutende Rolle. Bergþóra versteht es, die Schimpfrede auf ihren Mann und auf ihre Söhne so wiederzugeben, daß diese in höchste Erregung versetzt werden. Guðrún in der *Laxdœla* treibt ihre Brüder zum Angriff auf Kjartan:

„Ein Wesen wie das eure wäre am Platz, wenn ihr die Töchter irgendeines Bauern wäret, denn dann taugt ihr weder zum Bösen noch zum Guten. Aber nach einer solchen Schmach, wie Kjartan sie euch angetan hat, liegt ihr und schlaft, obgleich er mit nur einem Manne hier am Hof vorbeireitet. Solche wie ihr haben kein größeres Gedächtnis als ein Schwein.“

Eine ähnliche Beschuldigung der Unmännlichkeit wiederholt sich in derselben Saga, als die Mutter des erschlagenen Kjartan und ihre Söhne an dem Hof Bollis vorbeireiten. Tief seufzt sie im Gedanken daran, daß Kjartans Mörder noch am Leben ist, und sagt:

„Sehr verschieden von euren tüchtigen Verwandten seid ihr geraten, da ihr einen solchen Bruder wie Kjartan nicht rächen wollt, und euer Großvater Egill hätte nicht so gehandelt. Schwer ist es, tatenlose Söhne zu haben, und ich glaube wahrhaftig, ihr wäret besser dazu geeignet gewesen, eures Vaters Töchter zu sein und zu heiraten.“

Zuweilen setzen sich die Männer gegen den Versuch der Frauen zur Wehr, sie zur Rache zu reizen. Hildigunnr in der *Njála*, „die härteste und starrköpfigste unter den

Frauen“, hetzt ihren Onkel Flosi mit drastischen Mitteln auf, ihren erschlagenen Mann zu rächen, — sonst solle der Onkel „vor jedermann ein Schurke heißen“. „Du bist ein Untier,“ antwortet Flosi, „und du willst uns zu dem antreiben, was für uns alle am schlechtesten wäre, — ja, kalt wahrlich sind die Ratschläge von Frauen!“ Er ist so erregt, daß er bald „rot wie Blut im Gesicht, bald fahl wie welkes Gras, bald blau wie Hel wird.“

Man kann sowohl Hildigunns wie Flosis Reaktionen vor dem Hintergrund der Ideologie der Sagas begreifen. Trotz der unerhörten Reizbarkeit in allem, was die Ehre anbetraf, müssen nachdenklichere Menschen mitunter einen inneren Widerstand dagegen empfunden haben, unbedingt der Forderung des Ehrgefühls zu folgen. Denn in den meisten Fällen führte diese Forderung zu einer Blutrache, die in ihren letzten Konsequenzen — das heißt Rache auf Rache ohne Ende — die Vernichtung der eigenen Familie nach sich ziehen konnte. Zwar galt es als eine Ehre für den Mann, sich Gefahren auszusetzen. Derjenige, der seine Ehre nur dadurch zu behüten versuchte, daß er sich überall ängstlich zurückhielt, mußte sein ganzes Leben lang ohne Achtung bleiben. Anderseits aber war niemand verpflichtet, ständig mit den Waffen zu rasseln und den Tod herauszufordern. Berufsmäßige Friedensstörer wie Berserker und andere gewalttätige Männer gehören nicht zu den Favoriten der Saga. Der wirkliche Held weiß, was er aufs Spiel setzt, und schreitet deshalb nicht so leichtsinnig zur Tat. Eine der am stärksten ausgeprägten Idealgestalten der Sagaliteratur, Gunnarr von Hlíðarendi, sagt einmal: „Ich weiß nicht, ob ich weniger Mut als andere habe, weil es mir schwerer als anderen fällt, zu töten.“ Man könnte vielleicht versucht sein, in Gunnars Bekenntnis einen Einfluß vom milderen Geist des Christentums zu spüren; er kommt auch an anderen Stellen der *Njála* zum Ausdruck. Aber schon ein Werk wie die *Heiðarvíga saga,* deren ganzer Habitus in einen bedeutend älteren Abschnitt weist, zeigt, daß die Tollkühnheit nicht ohne weiteres zu den Tugenden eines Helden gerechnet wurde. Barði, die Hauptgestalt der Saga, zögert mit der Rache, deren Ausführung ihm obliegt, und setzt sich damit auch der massiven Hetze seiner nächsten Umgebung aus. Nach einer äußerst sorgfältigen Planung des Vorhabens nimmt er schließlich Rache, und zwar so maßvoll, daß sie das helle Mißvergnügen seiner Gefährten erregt.

Aber das Anspornen durch Verwandte oder andere Nahestehende darf grundsätzlich nicht als verantwortungslos angesehen werden. Es diente einem sehr ernsten Zweck, indem es die Wunde einer Ehrverletzung offenhielt. Wenn diese ungerächt vernarben durfte, konnte sie mit der Zeit eine Art schleichendes Gift im Körper der Sippe bilden und deren Lebenskraft von innen her untergraben. Für erlittene Verluste und Übergriffe Rache zu nehmen, die Ehre zu behaupten, das wurde zu einem bedingungslosen Gesetz. Als Þorgeirr in der *Fóstbrœðra saga* die Blutrache für seinen Vater ausgeführt und dessen Mörder erschlagen hat, sagt seine Mutter: „Nun hast du das ausgerichtet, was am notwendigsten war."

Das Gesetz erwähnt keine Verpflichtung zur Rache. Der Rachegedanke wurzelte in einer Schicht des Bewußtseins, die tiefer und irrationaler war als jene, an die die Gesetzesvorschriften sich richteten. Damit jedoch ist nicht gesagt, daß er sich völlig beliebigen Ausdruck verschaffte. Vielmehr war die Rache durch ziemlich feste Grundsätze geregelt. Den Ausgangspunkt bildete das Geschlecht als Einheit. Es kam darauf an, der Familie des Gegners einen mindestens ebenso großen Schaden zuzufügen, wie ihn jemand aus der eigenen Sippe erlitten hatte. Es zählte darum zum schwersten, was einem begegnen konnte, wenn der Feind zu unbedeutend war, um einem rechte Genugtuung leisten zu können. War ein Freier von einem Leibeigenen geschlagen oder getötet worden, bedeutete die Rache an dem Täter keine wirkliche Bußleistung. Mit diesem Gefühl steht beispielsweise Ingólfr in der *Landnámabók* vor der Leiche seines Schwurbruders Hjörleifr, der von Leibeigenen erschlagen worden war: „Was für ein bedauernswertes Ende für einen Ehrenmann, daß Leibeigene seine Mörder werden mußten.“ Es liegt ihm fern, damit über Leibeigene an und für sich etwas Böses sagen zu wollen. Sie wurden nur zu einer anderen Kategorie gezählt als der freie Mann. An dessen Ehrbegriff hatten sie keinen Anteil und ließen sich deshalb auch nicht dem üblichen Racheritual einfügen. Aber auch, wenn es sich um freie Männer handelte, konnte der Kurswert der einzelnen Personen bei der Taxierung der Rache beträchtlich variieren. War der Täter unbedeutend, richtete man die Vergeltung gerne in erster Linie gegen ein angeseheneres Mitglied seiner Familie. Der Mord an einem bedeutenden Mann konnte den Tod mehrerer als Buße erfordern. Da aber die Gegner verständlicherweise ihre Berechnungen etwas unterschiedlich anstellten, bestand die Gefahr, daß die gegenseitige Rache schließlich in eine endlose Fehde ausartete. Um völlig willkürliches Blutvergießen handelte es sich jedoch dabei nicht. Auch fanden solche Geschehnisse nicht den allgemeinen Beifall. Vielmehr wurden sie als eine Bedrohung für Ordnung und Sicherheit der Gesellschaft betrachtet. Es war auch üblich, daß vertrauenswürdige Männer ihren Einfluß geltend machten, um einen Vergleich zustande zu bringen. Stand ihnen das Glück bei einem solchen Geschäft zur Seite, vergrößerte der Erfolg ihr eigenes Ansehen.

Die Ehre hatte jedoch für die Menschen der Saga auch andere Aspekte als die, die auf Kränkung und Rache hinausliefen. Man darf beispielsweise an die Schwurbrüderschaft denken oder überhaupt an die Treue zwischen Menschen, die zusammenhielten. In solchen Fällen währt die Gemeinschaft nicht selten bis in den Tod. Dieser feste Zusammenhalt hat in der Wendung „nun soll ein und dasselbe über uns kommen“ einen formelhaften Ausdruck gefunden, der zuweilen in Situationen ausgesprochen wird, wo der eine vielleicht sonst noch die Möglichkeit gehabt hätte, sein Leben zu retten. Als Bergþóra von dem Anführer der Mordbrenner, Flosi, aufgefordert wird, ihr brennendes Haus zu verlassen, antwortet sie: „Jung wurde ich Njáll anvertraut, und ich habe ihm gelobt, daß ein und dasselbe über uns kommen soll.“ Das Pathetische dieser Situation wird noch weiter gesteigert, als auch der kleine Knabe Þórðr sich weigert, sich von seinen Großeltern zu trennen. Njáll und Bergþóra legen ihn zwischen sich ins Bett, wo sie den Tod erwarten.

Einen Menschen in seinem Haus zu beherbergen, brachte unvermeidliche Verpflichtungen mit sich. Wenn man jemanden aufnahm, der sich in Not befand, war das so gut wie eine verbindliche Zusage seiner Hilfe. Die Sagas bieten zahlreiche Beispiele dafür, daß auch recht einfache Menschen einem Flüchtling Schutz gegen seine Verfolger gewährten, auch wenn sie damit das Risiko eingingen, sich dem Zorn mächtiger Männer auszusetzen. In solchen Fällen konnte das Gebot der Ehre über das Familiengefühl siegen. In einer der kleineren Sagas hat ein Mann den Mörder seiner Verwandten als Gast bei sich aufgenommen, und zwar noch in Unkenntnis seiner Taten. Aber auch, als er erfahren hat, wie die Dinge liegen, schützt er ihn weiterhin gegen seine eigenen Verwandten. Als er später für sein Verhalten zur Rechenschaft gezogen wird, antwortet er nur: „Das war das einzige, was sich für mich schickte."

Diese ganze Mentalität der Gewalt, die in den Augen des heutigen Lesers vielem in der Sagaliteratur ihren Stempel aufzudrücken scheint, wurde — zumindest theoretisch — von einer Ideologie bestimmt, die auf dem Ehrbegriff basierte. Als eine ideale Forderung galt zweifellos die Offenheit im Verkehr mit allen Menschen, auch mit Feinden. Der alte Kveld-Úlfr in der *Egils saga* will vermeiden, für oder gegen Harald Schönhaar Partei ergreifen zu müssen, aber sein Sohn Þórólfr billigt eine solche Haltung nicht: „Nun scheint mir das am wenigsten ehrenvoll, weder sein Freund noch sein Feind zu sein." Überhaupt haftete jeder Undurchsichtigkeit in solchen Dingen etwas Verdächtiges an. Als Egill Skalla-Grímsson mit seinen Wikingern einen Einfall an der Küste unternommen und in der Nacht auf einem Bauernhof viel Beute gemacht hat und schon im Begriff ist, wieder in See zu stechen, fällt ihm noch etwas ein: „Wir haben den Bauern seines Eigentums beraubt, ohne daß er davon etwas weiß. Aber eine solche Schande soll nicht auf uns liegen bleiben." So kehrt er allein zurück und legt Feuer an den Hof!

Jemanden totzuschlagen galt nur dann als ehrloser Mord, wenn es nicht sofort öffentlich, wie es das Gesetz vorschrieb, bekanntgegeben oder wenn der Totschlag im Schutze nächtlicher Dunkelheit ausgeführt wurde, — *náttvíg*, „Nachtmord". Offenbar empfand man es allgemein als seine Pflicht, den schlafenden Gegner zu wecken, bevor man ihn angriff. In der Praxis aber wurde daraus oft nicht mehr als eine leere Geste. In der *Fóstbrœðra saga* heißt es beispielsweise, daß Þorgeirr „an Gauts Bett herantrat und ihn weckte. Gautr sprang auf und wollte zu seinen Waffen greifen, — und in diesem Augenblick schlägt

Þorgeirr auf Gautr ein und zerspaltet ihn bis zu den Schultern." Dem ausersehenen Opfer war also in Wirklichkeit nicht die geringste Möglichkeit gegeben, sich zur Wehr zu setzen.

Für den Krieger und Helden galt es als nichts Schändliches, gegen einen Feind List anzuwenden. Eine Idealgestalt wie Gunnarr von Hlíðarendi zieht als Kaufmann verkleidet umher, um einem Gegner aufzulauern. Gísli Súrsson entzieht sich seinen Verfolgern unter anderem dadurch, daß er erfolgreich die Rolle eines allgemein bekannten Tölpels spielt. Víga-Glúmr schwört zweideutige Eide, und die stolze Guðrún Ósvífrsdóttir wählt auf den Rat des schlauen Goden Snorri ihre Worte so listig, daß sie sich um ein gegebenes Versprechen herumdrücken kann. Im ganzen liefern die Sagas zahlreiche Beispiele für eine kleinliche Schläue, die schwer mit dem hochgestimmten Ehrgefühl in Einklang zu bringen ist, das ansonsten den Lebensstil kennzeichnete. Besonders wenn es um Rache geht, schreckt man kaum vor etwas zurück, und die Verpflichtung, zu rächen, kann sogar eine an und für sich schmähliche Handlung rechtfertigen. Überfälle aus dem Hinterhalt und Angriffe mit einer Übermacht sind nicht ungewöhnlich. Ebensowenig fehlt es an gedungenen Mördern, sogenannten *flugumenn.*

Man würde das Bild von der Welt der Sagas verfälschen, wenn man solche Züge verschwiege. Man darf dabei aber nicht vergessen, daß die damalige Gesellschaft dem einzelnen einen ziemlich schwachen Rechtsschutz gewährte. Im Grunde müssen die Menschen in einer für uns unvorstellbaren Unsicherheit gelebt haben. In einer solchen Zeit der Blutrache und der lauernden Lebensgefahr mochte es naheliegen, in der Wahl seiner Mittel weniger empfindlich zu sein. Aber selbst wenn die idealen Forderungen also vielleicht im grauen Alltag der Saga nur eine begrenzte Gültigkeit gehabt haben, so sind sie in jedem Fall als Hintergrund, als Unterströmung vorhanden. Deshalb stellen diese Sagas bei all ihrem rücksichtslosen Realismus niemals eine so ekelerregende Lektüre dar, wie sie stellenweise die *Sturlunga* mit ihren authentischen Schilderungen kompromißloser und kleinlicher Grausamkeit bietet. In einer höheren und reineren Sphäre haben diese Erzählungen aus der Sagazeit ihren Platz, — vielleicht nicht so sehr als ein getreues Abbild der historischen Wirklichkeit denn vielmehr als Ausdruck von Sehnsucht und idealisierender Vorstellung des Dichters.

Die heidnische Mentalität der Sagas ist von so individueller Artung, daß sich die Spuren einer neueren Denkweise ziemlich stark davon abheben. Diese sind in reichlichem Maße vorhanden, nicht zuletzt in vielen von den bedeutenderen Werken wie der *Laxdœla* und der *Njála.* Vor allem geht es hierbei natürlich um die Auswirkungen der christlichen Grundsätze und Wertungen. Das Christentum wurde ja schon während der Sagazeit offizielle Religion auf Island. Und als die Sagas im dreizehnten Jahrhundert auf das Pergament gelangten, war das Land schon einige hundert Jahre christlich. Es wäre also verwunderlich, wenn das Christentum in dieser Literatur keine Spuren hinterlassen hätte.

Die weibliche Hauptgestalt der *Laxdœla,* Guðrún Ósvífrsdóttir, ist durch und durch Heidin. Auf ihre alten Tage aber wurde sie „eine sehr fromme Frau“, die erste auf Island, die „Davids Psalmen lernte“. Sie beschließt sogar ihr stürmisches Leben, während dessen sie viermal verheiratet war, als „die erste Nonne und Einsiedlerin auf Island“. Die Schwurbrüder Kjartan und Bolli werden früh in Norwegen getauft. Über den ersteren heißt es später, daß er „in der Fastenzeit von trockener Speise lebte und das ohne das Beispiel eines anderen hier im Lande tat. Denn es heißt, daß er der erste ist, der hierzulande bei trockener Speise gefastet habe. So bemerkenswert erschien es, daß Kjartan so lange ohne gewöhnliche Speise auskommen konnte, daß die Leute lange Reisen unternahmen, um ihn zu sehen.“ Der Verfasser der Saga hat also beide Hauptgestalten zu Exempeln christlicher Lebensweise gemacht. Das könnte darauf hindeuten, daß er selbst ein Mann der Kirche gewesen sei. Aber der Einfluß des Christentums offenbart sich bei Kjartan nicht nur in seinen äußeren Kultgewohnheiten sondern auch in seinem Handeln. Als Bolli sein Schwert zieht, um Kjartan zu erschlagen, sagt dieser: „Frevel willst du begehen, Vetter, aber besser scheint es mir, den Todesstreich von dir zu empfangen, als ihn dir zu geben.“ Darauf wirft er seine Waffen nieder und empfängt den Schlag.

Dieses Geschehnis wurde von einem Bauern namens Þorkell bezeugt, der später voller Hohn darüber sprach, Kjartan einen weichen und mutlosen Mann nannte und oftmals sein Verhalten vor dem Gnadenstoß nachahmte. Ein Bruder Kjartans ließ Þorkell in seinem Hause fangen, hinausführen und erschlagen; der Bauer habe sich bei seinem Tod „unmännlich“ verhalten, heißt es. Der Verfasser der Saga ist offensichtlich von Abscheu über diesen niedrig gesinnten Þorkell erfüllt. Aber in Wirklichkeit ist es gerade dieser, der mit seinem Urteil über Kjartan die ältere und echt heidnische Wertung vertritt, — wenn er auch für seine eigene geringe Person den Anforderungen, die sie an einen wirklichen Helden stellt, nicht entspricht. Kjartans vom christlichen Ritterideal beeinflußte Geste erweckt in den Augen dieses einfachen Bauern einen überspannten oder unechten Eindruck. Es fehlt die harte Selbstbehauptung im Tode, die das ursprüngliche nordische Heldenideal kennzeichnete.

Eine reich nuancierte Skala zwischen heidnischen und christlichen Elementen in der Menschendarstellung weist die *Njáls saga* auf. Von den Hauptgestalten scheint Hallgerðr und Skarpheðinn jede Spur christlicher Tugenden zu fehlen. Skarpheðins Wesen kommt nicht zuletzt in seinem fortwährenden Hohnlachen und seinen durch und durch ironischen Reden zum Ausdruck. Seine letzte Tat vor dem Flammentod besteht darin, daß er aus seinem Gurt einen Backenzahn herauszieht, den er bei einer früheren Gelegenheit einem Feinde ausgeschlagen hat, und ihn einem Angreifer ins Auge schleudert, so daß es über die Backe herunterhängt.

Eine gewagte Verbindung von heidnischem Rachegedanken mit christlicher Sprechweise begegnet einem in Hildigunns Versuch, ihren Onkel Flosi zur Rache für ihren Mann Höskuldr anzustacheln:

„Gott und gute Männer rufe ich zum Zeugen dafür an, daß ich dich bei allen Wundertaten deines Erlösers Christus und bei deinem Mannestum und Mut beschwöre, daß du alle Wunden rächest, die er trug, als er starb, oder du sollst vor allen Männern ein Schurke heißen."

Hildigunnr war zwar eine ungewöhnlich stolze und harte Frau. Aber daß sich das Gefühl für Ehre und Rache im heidnischen Sinne auch in Männern zäh am Leben hielt, die ansonsten durch die christlichen Prinzipien entscheidende Eindrücke empfangen haben, zeigt Njáls eigenes Beispiel. Während des Brandes beruhigt er die Frauen des Hauses unter anderem mit den Worten: „Dies ist nur ein kleines Unwetter, und es ist lang bis zum nächsten. Vergeßt auch nicht, daß Gott barmherzig ist. Er wird uns nicht in dieser Welt und in der nächsten brennen lassen.“ Und Njáll erwartet den Tod, nachdem er seine Seele in Gottes Hand befohlen hat. Aber als Flosi ihm einen Augenblick zuvor anbot, unangetastet das brennende Haus zu verlassen, antwortete er: „Ich will nicht hinausgehen. Ich bin ein alter Mann. Ich tauge schlecht dazu, meine Söhne zu rächen, und in Schande will ich nicht leben.“ Wie schon zuvor erwähnt wurde, begrüßt Njáll auch mit Erleichterung und Freude die schnelle Rache seiner Söhne für die Schmähung, die gegen sie und ihn selber gerichtet gewesen war.

Die paradoxeste Verbindung heidnischer Gesinnung mit christlichem Bekenntnis begegnet uns in einer der Nebenfiguren der Saga, dem blinden Ámundi, einem Sohn von Njáls natürlichem Sohn Höskuldr. Durch ein Wunder wird er für einige Augenblicke sehend, gerade so lange, daß er am Mörder seines Vaters Rache nehmen kann. „Gelobt sei der Herr, nun sehe ich, was er will,“ ruft er aus, als seine Augen sich öffnen, eilt auf den überraschten Gegner zu und schlägt ihm seine Axt bis an den Stiel in den Kopf.

Im Zusammenhang mit einer schweren Rechtsstreitigkeit verzichtet einer von den Häuptlingen der *Njála*, Hallr von Síða, auf alle Buße für seinen erschlagenen Sohn, nur um einen allgemeinen Vergleich zu erleichtern. Er sagt, er wolle sich noch einmal als *lítilmenni* zeigen. Dieses Wort — zusammengesetzt aus *lítill* „klein“ und einer Ableitung zu *maðr* „Mann“ — bezeichnete jemanden, der um sein Ansehen und seine Würde nur wenig besorgt war. In der heidnischen Begriffssphäre hatte es also eine direkt abschätzige Bedeutung; sein positiver Gegensatz war *mikilmenni*, zusammengesetzt mit *mikill* „groß“. Zu einem Zeitpunkt, da sich ein bekannter Häuptling selbst als *lítilmenni* bezeichnen kann, hat sich unter dem Einfluß des christlichen Ideals der Demut eine gründliche Umwälzung vollzogen.

Höskuldr Hvítanesgode, der Ziehbruder der Njálssöhne, ist vielleicht die Gestalt der Saga, die vom Geist des Christentums am stärksten durchdrungen scheint. Er nimmt keine Rache für den Mord an seinem Vater; der Ansporn seiner Verwandten und Freunde kümmert ihn wenig. Einmal sagt er, er wolle lieber selber ungebüßt bleiben, als daß viele seinetwegen leiden sollten. Aber nach älterer Denkweise konnte ein Mann von keinem traurigeren Schicksal getroffen werden, als daß er erschlagen wurde und später ungerächt blieb. Man konnte Grettir den Starken als Ideal verehren, unter anderem deshalb, weil er „draußen in Miklagarðr gerächt wurde, was keinem anderen isländischen Mann zuteil geworden ist." Als Höskuldr seinen Angreifern erliegt, sagt er nur: „Gott helfe mir und vergebe euch." Dieses Gebet um Vergebung für die Mörder erinnert an Jesu Worte am Kreuz. In der Darstellung der Saga steht Höskuldr auch als ein unschuldiges Opfer da, als ein Märtyrer, der durch das Böse im Menschen und für sein eigenes Freiheitsideal stirbt. Er geht hinaus, um auf einem Felde zu säen, während die Verschwörer ihm hinter dem Zaun auflauern. Nicht häufig sprechen die Sagas von der Natur und dem Wetter, es sei denn, daß diese eine direkte Bedeutung für die Handlung haben. Aber an dem Frühlingsmorgen, an dem Höskuldr erschlagen wird, hebt die Saga besonders hervor, daß das Wetter schön war und die Sonne am Himmel stand. Die ganze Situation mit der friedlichen Saat am frühen Morgen stellt einen ergreifenden Gegensatz zu der düsteren Tat dar. Es ist, als ob das Licht des Tages selbst sich zu einer Gloriole um Höskulds Gestalt sammelte.

Der christliche Einfluß offenbart sich also in den Sagas vielerorts, sei es nur äußerlich oder aber tiefer im Inneren. Etwas anderes war auch nicht zu erwarten. Bemerkenswert aber ist, daß diese Literatur im ganzen gesehen so erstaunlich unbeeinflußt von den christlichen Normen geblieben ist. Man könnte versucht sein, hierin das Resultat einer außerordentlich festen Tradition aus der Sagazeit zu sehen. Die Ideologie und die Verhaltensweise der älteren heidnischen Epoche würden dann also als eine Art Versteinerung durch mehrere christliche Jahrhunderte hindurch einigermaßen unversehrt erhalten geblieben sein. In Wirklichkeit aber braucht man zu einer solchen Erklärung kaum zu greifen. Nach dem zeitgenössischen Dokument der *Sturlunga* zu urteilen, hatte die neue Religion noch im zwölften und dreizehnten Jahrhundert kaum die Denkweise durchsetzt. Die alten Wertungen, die in der Ehre, der Kampfeslust und der Rache wurzelten, scheinen noch völlig lebendig gewesen zu sein. In einer Strophe, die 1222 nach einem Rachezug gegen Bischof Guðmundr gedichtet wurde, heißt es: „Der wackere Sturla hat die Rache für Tumi gut vollzogen, — der Rabe wacht beständig auf der Leiche: Christus ist Herr über Ruhm und Sicherheit." Der Friedensfürst ist in die Ideologie der Blutrache mit einbezogen und hat den Vogel des alten Kriegsgottes Odin, den schwarzen Genius der Walstatt, übernehmen dürfen!

Humor und Ironie

Es liegt in der Natur der Sache, daß Humor oder Komik als Hauptmotiv in den isländischen Sagas äußerst selten sein müssen; in einer Literatur, in der die Heldenverehrung lebendig ist, nimmt die Tragik einen größeren Raum ein. Tatsächlich kann man — abgesehen von bestimmten *þættir* — nur eine einzige wirkliche Ausnahme anführen: die *Bandamanna saga,* d. h. die Saga der Verschworenen. Eine ganze Schar von Häuptlingen rottet sich zusammen, um der Laufbahn eines jungen und tatkräftigen Mannes ein Ende zu bereiten. Ihr Plan geht dahin, ihm mit vereinten Kräften auf dem Allting all seine Eigentümer abzusprechen und sich dann den Raub zu teilen. Der junge Oddr steht ihrem Ränkespiel ziemlich hilflos gegenüber. Seinem alten Vater Ófeigr aber gelingt es, mit Hilfe großzügiger Bestechungsgelder die Verschwörung zu sprengen und einige Häuptlinge dazu zu bringen, ihre Gefährten im entscheidenden Augenblick zu hintergehen, so daß das Komplott mit einem Fiasko auf dem Allting endet. Der Verfasser macht sich einen rechten Spaß daraus, die Habgier der Großbauern hervortreten zu lassen, und in der Szene auf dem Allting stellt Ófeigr die Verschwörer regelrecht an den Pranger. Zu allem Überfluß geraten diese noch in eine handfeste gegenseitige Beschimpfung hinein. Hier ist nicht ein Hauch mehr des Heldenideals zu spüren. Alles ist kleinlicher Alltag, — und zwar geschildert mit einem souveränen Blick für die komischen Effekte.

Auf der anderen Seite gibt es Sagas, denen praktisch jeder humoristische Zug abgeht. Zu diesen gehören einige von den bekannteren jüngeren Sagas, die *Hrafnkels saga* und die *Gunnlaugs saga ormstungu,* die sich im übrigen sehr unähnlich sind. Im großen und ganzen aber liefern nahezu alle Sagas verschiedene Beispiele für Humor und Ironie. Es läßt sich schwerlich ein bestimmter Unterschied zwischen älteren und jüngeren Sagas in diesem Punkte feststellen; schon die unsicheren Datierungen schließen jede Sicherheit aus. Mehrere der anerkannt späten Sagas, wie die *Njála* oder die *Grettla,* sind reich an komischen Einlagen.

Das gleiche gilt für die *Heiðarvíga saga,* die oft als die älteste der überkommenen Sagas angesehen wird.

Der Humor der isländischen Saga neigt in der Regel zu Ironie und Sarkasmus. Oft nimmt er die Gestalt herber Understatements und lakonischer Reden an, und zwar in Situationen, wo es um Leben und Tod geht. Beim Angriff auf Gunnarr von Hlíðarendi klettert einer der Männer auf das Haus hinauf, um herauszubekommen, ob Gunnarr zu Hause ist. Durch die Dachluke hindurch fährt ihm eine Hellebarde in den Leib. Er taumelt vom Dach herab und wankt zu seinen Gefährten hin, die wartend im Gras sitzen. „Ist Gunnarr zu Hause?“ fragt jemand. „Darnach müßt ihr selbst sehen,“ antwortet Þorgrímr, „das einzige, was ich weiß, ist, daß seine Hellebarde zu Hause war.“ Darauf fällt er tot zu Boden. In der *Droplaugarsona saga* wird einem Manne durch einen Schwerthieb die Unterlippe abgerissen. Er sagte zu seinem Gegner: „Vorher war ich nicht schön, und du hast die Sache nicht viel besser gemacht.“ Dann steckt er sich den Bart in den Mund und hält ihn mit den Zähnen fest.

Die Sagas bieten auch, wenngleich in geringerem Ausmaß, Beispiele für einen Humor, der mit Rache und Kampf direkt nichts zu tun hat und zu unbeschwertem Lachen anreizen kann. So heißt es von Þórðr dem Mutlosen, dem Knecht von Gísli Súrsson: „Verstand und Mut sahen sich bei ihm sehr ähnlich; von beiden fand sich nämlich keine Spur.“ Eine ähnlich komische Formulierung *en passant* verwendet die gleiche Saga, als sie von dem Bauern Refr und seiner Frau erzählt. Der Verfasser sagt von ihm, er sei sehr schlau gewesen, und fährt fort: „Refr hatte eine Frau, die Álfdís hieß, schön von Ansehen, aber ein richtiger Drachen und ein Teufel von Weib. Refr und sie paßten gut zusammen.“ In diesen Fällen ist es der Erzähler, der einem Abschnitt durch seine Erzählweise selbst einen humoristischen Anstrich verleiht. Manchmal kann eine Situation an sich komisch erscheinen, was dann gern durch einen ruhigen und sachlichen Ausspruch gekennzeichnet wird. Die *Droplaugarsona saga* erzählt, wie der Bauer Þorgrímr skinnhúfa (Pelzmütze) mitten in der Nacht von seiner Frau verlassen wird. Sie gibt Zeugen an, erklärt sich von ihrem Mann geschieden und verläßt das Haus zusammen mit einem Verwandten, der gekommen ist, um ihr beizustehen. Bevor sie geht, wirft sie zur Sicherheit alle Oberkleider ihres Mannes in den Abtritt. Erst als sie fort sind, kommt Þorgrímr in Fahrt, den man sich offenbar nicht als einen großen Helden vorstellen darf.

Er sprang auf und nahm seine Bettdecke und hüllte sich hinein, denn Kleider waren ja nicht da. Er lief nach Hof. Dort wohnte Þórarinn moldoxi (Mistkäfer). Er war ein trefflicher Mann.

Þórarinn sagte: „Warum kommst du so früh hierher, Þorgrímr, und so leicht bekleidet?“

Der andere antwortete und sagte, daß man ihm seine Frau geraubt habe. „Nun will ich dich in dieser Sache um deine Hilfe bitten.“

Þórarinn sagte: „Vor allem werde ich dir Kleider geben, denn das ist es, was du gerade jetzt brauchst.“

Danach frühstückte er dort.

Durch Þórarins Hinweis auf die Kleider wird man von neuem an das Lächerliche der Situation erinnert. Diese nüchtern-alltägliche Rede steht in einem komischen Gegensatz zu dem heroischen Rache- und Heldenideal, das sonst in der Welt der Sagas vorherrscht.

Die *Hallfreðar saga* erzählt von der Liebe des Skalden Hallfreðr zu Kolfinna, der Tochter des Bauern Ávaldi. Bei Kolfinna erscheint jedoch ein gesetzterer Freier, ein Bauer namens Gríss. Zusammen mit seinem Gefolge besucht er Ávaldi auf dessen Hof und bekommt die Tochter zugesagt. Während noch diese Verhandlungen geführt werden, kommt auch Hallfreðr an. Er begegnet Kolfinna und beginnt sofort eine handgreifliche Schäkerei, setzt sie sich vor dem Frauengemach, vor den Augen aller, die heraustreten, auf die Knie, „und es kommt da zu dem einen und anderen Kuß." Dann fährt die Saga fort:

Nun kamen Gríss und die anderen hinaus. Er sagte: „Was sind das da für welche, die dort an der Wand sitzen und so vertraut tun?" Gríss war ziemlich kurzsichtig und triefäugig.
Ávaldi sagte: „Das ist Hallfreðr und meine Tochter Kolfinna."
Gríss sagte: „Machen die's immer so?"
„Es kommt recht häufig vor," sagte Ávaldi, „aber jetzt ist's an dir, dem Abhilfe zu schaffen, da sie jetzt deine Verlobte ist."

Gestalten wie Þorgrímr skinnhúfa und Gríss lassen sich als komische Charaktere *in nuce* bezeichnen. Aber die Sagas bieten auch Beispiele für stärker ausgeführte komische Typen. Sie spielen zwar in dieser Literatur keine bedeutende Rolle, sondern dienen eher dazu, einen Gegensatz zum Heroismus der Hauptfiguren zu schaffen. Furcht und Feigheit waren schon an sich ein komisches Gebrechen in einer Zeit, die den körperlichen Mut und die Tüchtigkeit im Kampf verherrlichte. In der Regel sind es denn auch Knechte oder andere unbedeutende Personen, die für diese erbärmliche Negation der Heldentugenden herhalten müssen. Von einem Mitgefühl mit solchen Hasenherzen kann keine Rede sein; sie werden unbarmherzig der Lächerlichkeit preisgegeben. Eine bemerkenswerte Ausnahme findet man jedoch in der *Njála*. Auch in einem solchen Punkt offenbart dieses Meisterwerk der Sagaliteratur seinen menschlichen Reichtum, seine Kunst der nuancierten Charakteristik.

Im letzten Abschnitt der Saga erhebt sich Kári als strahlender Held über seine Umgebung, vielleicht etwas zu strahlend und allzu stark idealisiert. Er, ein Schwager der toten Njálssöhne, ist der Mordbrennerei auf Bergþórshváll entgangen und steht nun vor der Pflicht der Rache. Aber er hat in der Gegend nur wenig Unterstützung und sucht bei dem kleinen Bauern Björn in Mörk Zuflucht, den er auch gern auf seinen Erkundungszügen mit dabeihaben möchte. Er schmeichelt Björn damit, daß dieser „ein scharfes Auge habe und schnell zu Fuß" sei und wahrscheinlich auch keine „Angst vor einem Kampf" hätte, wenn es dazu kommen sollte. Björn ist auch sogleich im Bilde und begreift, daß er dem Helden mit seiner Mannhaftigkeit nützen könne. Die Saga fährt fort:

Seine Frau war zugegen und hörte seine Versprechungen. „Trolle sollen deine Prahlerei holen", sagte sie, „und deine Angeberei. Du solltest nicht vor ihm prahlen und dich so lügenhaft herausstreichen. Aber ich werde Kári gern mit Essen und anderem helfen, von dem ich weiß, daß er Nutzen davon haben kann. Aber auf Björns Mannesmut sollst du nicht vertrauen, Kári. Ich fürchte, daß du anderes erleben wirst, als er sagt."

„Es ist nicht das erste Mal, daß ich Vorwürfe von dir einstecken muß," sagte Björn, „aber ich bin sicher, daß ich vor niemandem zurückweichen werde, wer es auch sei. Und was ich für ein Kerl bin, dafür haben wir Beweise. Wenn sich nicht viele mit mir einlassen, so allein deshalb, weil niemand es wagt."

Der Leser merkt von Anfang an, daß hinter Björns mannhaften Erklärungen nichts steht. Große Worte erlauben sich mitunter auch die wirklichen Helden der Sagas, aber schon die Wortwahl Björns wirkt verdächtig, naiv und sozusagen laienhaft. Man fühlt sich eher geneigt, dem Urteil seiner Frau Glauben zu schenken. Kári selbst ist sich sehr wohl bewußt, woran er mit seinem Begleiter ist. Trotz seiner gefährlichen Situation kann er sich das Vergnügen nicht versagen, Björn zu weiterer Prahlerei zu animieren und ihn dazu zu bringen, mit seinen Einsichten in die Taktik des Kampfes zu prahlen. Dank Káris eigenen Leistungen in entscheidenden Situationen braucht Björn jedoch kaum auf härtere Proben gestellt zu werden und entledigt sich einigermaßen ehrenvoll seiner Aufgabe als Waffenträger. Der Erfolg dämpft zwar seine Prahlerei. Aber beim Gedanken an seine Frau wird er nachdenklich. Von seinem eigenen Bericht über seine Taten würde sie selbstverständlich kein einziges Wort glauben, und deshalb bittet er Kári, seinen Anteil in ein möglichst günstiges Licht zu stellen, als sie seine Frau wiedersehen. Der gutwillige Kári gibt ihm eine befriedigende Note, und der Hausfrieden ist gerettet. In diesem Bericht über Björn von Mörk befindet man sich in einer völlig anderen Atmosphäre, als man sie in der eigentlichen Helden-Saga vorfindet. Björn ist nicht nur ein Lügner, nicht nur eine Zielscheibe für Sarkasmen. Kári sowohl wie der Verfasser sehen ihn in einem versöhnlichen Licht; sie gönnen Björn die kleinen Federn am Hut. Hier läßt sich wirklich von der Doppelgesichtigkeit des Humors sprechen, von seinem nachsichtigen Blick auf die Schwächen des Menschen.

Das eigentliche Grundmotiv einer isländischen Saga ist zwar äußerst selten in humorigem oder komischem Sinne aufgefaßt. Aber die verschiedenen Formen des Humors, der Ironie und des Sarkasmus brauchen deshalb nicht durchweg als vereinzelte Farbtupfen aufzutreten. Es kommt vor, daß sie sinnvoll in die Gestalt der Saga eingefügt werden und sich um die Haupthandlung herumranken, sie begleiten und verstärken. Zur Illustration mag hier die *Heiðarvíga saga* („Saga vom Streit gegen Heiden“) herangezogen werden.

Auf dem etwas schwerfälligen und saumseligen Barði liegt die moralische Verpflichtung, einen ermordeten Bruder zu rächen. Aber er zaudert und zieht dadurch die kritischen Blicke seiner Umgebung auf sich. Eines Tages kommt sein Gesinde vom Mähen nach Hause. Einer von den Leuten, der den Beinamen Fuchs trägt, zieht beim Gehen die Sense auf dem Boden hinter sich her. Da scherzt Barði: „Nun läßt der Fuchs den Schwanz hängen." Aber der Knecht bleibt ihm die Antwort nicht schuldig: „Es stimmt, daß ich den Schwanz hängen lasse und nicht weiter damit wedele. Aber ich glaube, daß du selbst den Schwanz sehr lange hängen lassen wirst, bevor du deinen Bruder Hallr rächst." Die spitze Antwort zeigt, wie lebendig der Rachegedanke in Barðis Umgebung ist; sogar sein Gesinde leidet darunter, daß die Vergeltung auf sich warten läßt. Es heißt in der Saga, Barði habe den Mann in diesem Moment mit keinem einzigen Wort zurechtgewiesen. Später am Tage aber, als er dem gleichen Knecht einige Aufträge erteilt, die übrigens in Zusammenhang mit der aufgeschobenen Rache stehen, fügt er hinzu: „Die Arbeit ist schwer, aber wenn du nicht zur bestimmten Zeit damit fertig bist, dann wirst du sehen, wer von uns den Schwanz höher trägt." Barðis Wortspiel mit dem Schwanz wird zum Bumerang. Die Antwort des Knechtes berührt einen wunden Punkt in ihm; sein eigener Scherz richtet sich gegen ihn selbst und trifft ihn als eine schmerzhafte Mahnung an die Rache.

Aber das Aufhetzen kommt im weiteren Verlauf der Erzählung noch viel stärker zur Geltung. Bei einer Mahlzeit legt die alte Mutter Þuríðr jedem ihrer drei Söhne, unter ihnen Barði, ein riesiges Stück Ochsenkeule vor. Auf eine gereizte Bemerkung über diese unförmigen Portionen erwidert sie, daß ihr Bruder Hallr in noch größere Stücke gehauen worden sei, ohne daß die Brüder anscheinend etwas daran auszusetzen gehabt hätten. Obendrein fügt sie jeder der reichlich bemessenen Fleischportionen einen Stein bei: die Söhne hätten schlimmere Dinge verdaut als Steine, bemerkt sie dazu, weil sie noch nicht gewagt hätten, ihren Bruder Hallr zu rächen. Ein grimmiger Sarkasmus, eine unheimliche Anschaulichkeit liegt in der Symbolik der Mutter. Die Söhne reagieren denn auch entsprechend heftig, stoßen den Tisch mit allem, was sich darauf befindet, um und stürzen zu ihren Pferden.

Die Saga schildert, wie die alte Frau mühselig selbst ein Pferd erklimmt, um ihre Söhne zu begleiten: „Ich ziehe mit auf die Fahrt, denn ich glaube, die Gefahr, daß einige wirkliche Heldentaten schiefgehen, ist dann geringer. Und ich werde mit meinem Anfeuern nicht sparen, denn das ist nötig.“ Aber die Söhne wollen die hartnäckige Alte bei ihrem gefährlichen Unternehmen natürlich nicht bei sich haben. Barði läßt einen der Knechte an ihrem Sattelgurt herumnesteln, so daß die Alte beim Überqueren eines Bachs ins Wasser fällt und heimkehrt, ohne einen Schaden davonzutragen. Hier wird also ein rein possenhaftes Moment eingeführt, eine Art Entspannung, bevor die eigentliche Aktion beginnt.

Einen letzten Hieb, der seinem gefährlichen Vorhaben gilt, muß Barði bei seinem Pflegevater einstecken. Dieser legt einen detaillierten Plan für die Ausführung der Rache fest. Er erwähnt Barði gegenüber dabei auch die höhnische Frage, die unter den Gegnern unten am Borgarfjord sprichwörtlich geworden sein soll: „Ob nicht vielleicht Barði kommt?“ Über Barðis Reaktion auf den Hohn in dieser Wendung wird nichts gesagt, aber es läßt sich denken, daß sie wie ein Stachel in der Seele dieses ruhigen Mannes sitzt, als er nun weiterzieht.

Die Rede davon, daß Barði kommt, wiederholt sich im weiteren Verlauf ein ums andere Mal wie ein Kehrreim mit wachsender Intensität, mit immer tieferer Bedeutung. Einer der Gegner, die gerade eine Wiese mähen, meint in einer Schar von Männern in etlicher Entfernung Barði ausmachen zu können. Aber Gísli, dem Barðis Rache in erster Linie gilt, mäht ruhig weiter und sagt zu seinen beiden Brüdern: „Ihr führt euch auf, als ob Barði den ganzen Sommer über hinter jedem Busch auftauchen könnte; aber er ist bisher noch nicht gekommen." Die tragische Ironie liegt hier darin, daß ausgerechnet Barðis künftiges Opfer sich irrt: diesmal ist Barði wirklich gekommen. Unmittelbar nach Gíslis Antwort ist die Lage auch vollkommen klar; sein Bruder Ketill bemerkt dazu: „Es dürfte keine Lüge sein, daß Barði gekommen ist." Die Brüder versuchen, zu ihren Waffen zu kommen, aber keinem von ihnen gelingt es, denn schon sind die Feinde über ihnen.

Gísli wird nahe bei seinem Hause von Barði niedergehauen, und Ketill entweicht mit der Leiche seines Bruders auf dem Rücken. Ihr Vater befindet sich daheim in der Schmiede bei der Arbeit und hat keine Ahnung von dem, was geschehen ist. Er wartet auf einen Knecht, den er nach Schmiedeeisen geschickt hat. Als er draußen jemanden gehen hört, kommt ihm unwillkürlich der alte Scherz, die Redensart der Familie in den Sinn: „Da gibt's ja ordentlichen Lärm. Sollte nicht vielleicht Barði gekommen sein?" Im gleichen Augenblick betritt Ketill die Schmiede mit der Antwort auf den Lippen: „Das bekam dein Sohn Gísli zu spüren, daß er gekommen ist", — und wirft dem Vater den toten Bruder vor die Füße.

Rein kompositionsmäßig sind Humor und Ironie sehr geschickt in der Darstellung von der Rache Barðis verarbeitet. Es beginnt mit seinem eigenen Wortspiel vom

Schwanz des Fuchses. Aber schon dieser scheinbar harmlose Scherz soll sich bald als gefährlich erweisen. Dann folgt die grobe Hetze der Mutter Þuríðr mit der Ochsenkeule und den Steinen. Ihr Anteil an dem Racheplan endet jedoch mit einem possenhaften Auftritt. Und endlich der Beitrag des Pflegevaters, der die spöttische Frage in Erinnerung bringt: „Kommt Barði vielleicht?" Diese Frage begleitet dann mit steigender suggestiver Wirkung den Verlauf der Ereignisse bis hin zu ihrem Höhepunkt. Der Humor der Saga kommt erst vor dem Hintergrund des ernsten Geschehens zu voller Geltung. Er ist eng mit der gesamten Lebensanschauung der Saga verknüpft.

Zu einzelnen Sagas

Die isländischen Familiensagas stellen eine recht umfangreiche Literatur dar. In einer vollständigen Ausgabe (*Íslendinga sögur*, Reykjavík 1946—49) nimmt der Text zwölf Bände ein. Selbst wenn man bestimmte spätzeitliche Versuche im Sagastil ausschließt, die in diese Ausgabe mit aufgenommen worden sind, blieben noch immer elf solcher Bände, jeder zu etwa vierhundertfünfzig bis fünfhundert Seiten. Darin ist jedoch eine große Anzahl novellistischer Stücke enthalten, sogenannte *þættir*. Die als Sagas bezeichneten Werke — insgesamt etwa fünfzig — sind von sehr unterschiedlicher Länge. Am längsten ist die *Njála* mit über vierhundert Seiten, gefolgt von der *Egils saga Skalla-Grímssonar* und der *Grettis saga* mit jeweils etwa dreihundert Seiten. Die kürzesten Sagas dagegen umfassen mitunter nur ein oder mehrere Dutzend Seiten.

Von jeher ist es üblich gewesen, verschiedene Familiensagas jeweils nach der isländischen Landschaft zusammenzustellen, in der sie sich abspielen. So enthält beispielsweise die eben genannte Ausgabe einen Band *Borgfirðinga sögur*, einen anderen *Vestfirðinga sögur*, einen dritten *Austfirðinga sögur* usw. Dieses Einteilungsprinzip hat seinen besonderen Grund darin, daß in den Sagas die Landschaft und die Besiedlung des alten Islands eine entscheidende Rolle spielen. Authentische Ortsnamen und konkrete topographische Details sind normalerweise sehr zahlreich. Das ist ein Zug, der zwar stark dazu beigetragen hat, den Glauben an die historische Zuverlässigkeit der Sagas zu stützen. Aber im Grunde beweist er doch wohl nicht viel mehr, als daß der Verfasser selbst jene Gegend genau gekannt hat, in die er die Handlung seiner Saga verlegt. Ein weiteres Argument für die regionale Einteilung der Sagas liegt darin, daß man bei den Sagaautoren wahrscheinlich mit so etwas wie „Schulen" zu rechnen hat, die mit den Kulturzentren in den verschiedenen Teilen des Landes verknüpft sind.

Wenn auch die Sagaliteratur im großen und ganzen — jedenfalls aus einigem Abstand betrachtet — einen recht homogenen Charakter aufweist, so lassen sich anderseits in der Wahl der Motive und Sujets, in Wesen und Ton doch beachtliche Unterschiede wahrnehmen, die den Versuch nahelegen, die Sagas stärker nach diesen inneren, literarischen Kriterien einzuteilen. Als eine Ergänzung der vorangegangenen allgemeinen Erörterungen zum isländischen Sagastil, zur Personendarstellung und Lebensanschauung soll hier nun eine kurze Charakteristik einiger wichtigerer Werke im einzelnen folgen.

Die *Egils saga Skalla-Grímssonar*, kürzer die *Egla*, spielt zu einem wesentlichen Teil in Norwegen. Harald Schönhaar hat mit der Verwirklichung seines Plans begonnen, den Widerstand der Volkskönige zu brechen und die

Macht in seine eigene Hand zu bekommen. Das Interesse konzentriert sich auf seine unbeglichene Rechnung mit Kveld-Úlfr und dessen beiden Söhnen Þórólfr und Skalla-Grímr. Þórólfr gewinnt zwar bald das Vertrauen des Königs und erhält in seinem Dienst verantwortungsvolle Aufträge. Aber seine Neider bei Hofe fallen mit einer böswilligen Verleumdung über ihn her. Schließlich begibt sich der König mit großer Übermacht zu Þórólfs Hof und schlägt ihn nieder. Damit ist der Bruch zwischen Kveld-Úlfs Geschlecht und Harald Schönhaar endgültig. Kveld-Úlfr und Skalla-Grímr bleibt nur die Möglichkeit, dem Zorn des Königs durch Auswandern zu entgehen. Bevor jedoch ihre Schiffe nach Island in See stechen, gelingt es ihnen, ihm einen spürbaren Denkzettel als Rache für Þórólfr zurückzulassen: sie entern ein Schiff Haralds und richten ein gründliches Blutbad unter der Mannschaft an. Kveld-Úlfr stirbt auf der Fahrt ins neue Land.

Hier wird also die Situation in Norwegen dargestellt, die nach der Überlieferung den Anlaß zu einer Kolonisierung Islands in größerem Ausmaß gegeben haben soll. Viele Episoden aus diesem Abschnitt sind hervorragend erzählt. So etwa der Bericht darüber, wie die betrügerische Verleumdung der Hildiríðr-Söhne Þórólfr zu Fall bringt. Bemerkenswert ist auch Skalla-Gríms Auftreten vor dem König, nachdem sein Bruder ermordet worden ist. Mit dem Gegensatz zwischen den beiden Brüdern Þórólfr und Skalla-Grímr wird ein Hauptthema in der Schilderung der Familie angeschlagen: Þórólfr repräsentiert das Helle und Offene, Skalla-Grímr das Dunkle und Verschlossene.

Über der Landnahme am Borgarfjord im Südwesten Islands liegt eine frische Entdecker- und Siedlerstimmung. Ein jungfräuliches Land wird erforscht. Da gibt es prächtige Möglichkeiten zur Seehundsjagd und einen gewaltigen

Fischreichtum in allen Gewässern. Bald konzentriert sich die Saga auf Skalla-Gríms Sohn Egill. Der hoffnungsvolle Knabe offenbart früh sein Wesen: das eines Skalden und Kämpfers. Im Alter von drei Jahren dichtet er seine ersten Strophen, nicht ohne kunstgerechte Kenningar; mit sieben Jahren begeht er seinen ersten Mord, und zwar an einem elfjährigen Spielkameraden. Egill gehört zu dem in vieler Hinsicht dunklen Zweig seiner Familie. Er ist ein problematisches Kind, das seinem Vater und seinem gesetzten älteren Bruder Þórólfr manchen Kummer bereitet. In den beiden Brüdern setzt sich übrigens der Unterschied zwischen ihren toten Großvätern Þórólfr und Skalla-Grímr weiter fort.

Trotz starker Bedenken muß Þórólfr schließlich dem Drängen des streitsüchtigen Egils nachgeben und ihn mit auf die Fahrt nach Norwegen nehmen. Eine solche Reise hat offenbar zur Allgemeinbildung eines isländischen Großbauernsohnes gehört. Egils Familie hat bekanntlich zuvor nicht die besten Beziehungen zum Königshaus ihres Heimatlandes unterhalten, in dem jetzt Erik Blutaxt und seine Gemahlin Gunhild regieren. Dem starrköpfigen isländischen Jüngling gelingt es denn auch sogleich, sich bei diesem Herrscherpaar völlig unmöglich zu machen. Bei einem Gelage, an dem König und Königin als Ehrengäste teilnehmen, trinkt Egill mit einem so beachtlichen Durst Bier, daß er berechtigtes Aufsehen erregt. Es endet damit, daß er den Gastgeber auf der Stelle mit einem Schwert durchbohrt und nach einer spannenden Flucht entkommt.

Nach diesem Vorfall zieht Egill auf Wikingerfahrten umher und erlebt eine Menge Abenteuer, bevor er sich schließlich auf Borg, dem väterlichen Hof, niederläßt. Ein einschneidendes Ereignis in seinem Leben ist der Verlust des geliebten Bruders Þórólfr in einer großen Schlacht unter dem englischen König Aðalsteinn. Egils fortwährende Auseinandersetzung mit dem norwegischen Königspaar zieht sich wie ein roter Faden durch das bunte Geschehen. Besonders die Königin steht als seine erbitterte Widersacherin da, eine äußerst gefährliche Frau, die sich auf das Zauberwesen versteht. Auf eine vermeintliche Kränkung seines eindeutigen Rechts — es handelte sich um das Erbe der Witwe seines Bruders, die er selbst zur Frau genommen hat — reagiert er mit fürchterlicher Rache. Unter anderem erschlägt er einen Sohn des Königspaars. Auf einer der äußeren norwegischen Schären errichtet er eine runenbeschriebene „Neidstange" *(níðstöng)* gegen König Erik und Königin Gunhild und begleitet die Zeremonie mit kräftigen Beschwörungen, in denen er die Schutzgeister des Landes aufhetzt, das Herrscherpaar aus Norwegen zu vertreiben. Und mochte es nun an Egils Neidstange liegen oder nicht, — nach kurzer Zeit mußten Erik und Gunhild in die Verbannung ziehen.

Davon hatte Egill jedoch nichts erfahren, als er nach einer längeren Zeit daheim auf Island von einer unergründlichen Unruhe und Reiselust ergriffen wird, ein Schiff ausrüstet und aufbricht, um seinen ehemaligen Gönner, König Aðalsteinn, aufzusuchen. Er erleidet in einem gewaltigen Sturm vor der Küste Englands Schiffbruch und landet, ohne eine Ahnung davon zu haben, in unmittelbarer Nähe seiner Todfeinde Erik und Gunhild. Egill setzt nun alles auf eine Karte. Er sucht seinen treuen Freund Arinbjörn auf, der am Hofe König Eriks höchstes Vertrauen genießt, und tritt an seiner Seite vor das Königspaar. Arinbjörn muß sein gesamtes hohes Ansehen aufbieten, um das Leben des Freundes wenigstens für eine Nacht zu retten. Er gibt Egill den Rat, die nächtliche Frist auszunützen, um ein Preislied auf König Erik zu dichten. Als es dämmert, ist Egill mit dem Gedicht fertig, trägt es in der Königshalle vor und darf wirklich als Skaldenlohn sein eigenes „wolfsgraues Haupt“ entgegennehmen, wie er selbst in einem späteren Preislied auf den Freund Arinbjörn sagt. Das Gedicht vor Erik Blutaxt gibt also den Anlaß für den Namen *Höfuðlausn* („Haupteslösung“).

Auf diesen dramatischen Höhepunkt folgt eine Reihe bunter Abenteuer in Norwegen und in der Grenzprovinz Värmland. Einige von diesen Episoden geben ein gutes Bild von der barbarischen Wildheit in Egils Wesen. Bei einem Holmgang gegen einen Mann, der sich auf die Kunst versteht, das Schwert des Feindes zu „betäuben“, weiß Egill Rat: er wirft sich auf den Gegner und beißt ihm die Kehle durch. Ein värmländischer Bauer, der seiner Meinung nach die Gastfreundschaft an ihm und seinen Begleitern verletzt hat, erhält seinen Lohn: am nächsten Morgen früh sucht Egill den Bauern in seinem Bett auf, zieht sein Schwert mit der einen Hand, ergreift mit der anderen den Bauern beim Bart, reißt ihn an den Bettpfosten und haut ihm den Bart in Kinnhöhe ab; „dann drückte er ihm mit dem gekrümmten Finger das eine Auge ein, so daß es draußen auf der Backe lag.“ Das sei jedoch eine milde Strafe für einen solchen Schweinehund, erklärt Egill der Mutter und der Tochter des Hauses.

Mitunter kann Egill auch ganz andere Seiten hervorkehren, so etwa, als er mit einem erfolgreichen Zweikampf ein Mädchen und dessen Familie vor einem widerlichen Berserker und Freier rettet. Da hat dann der rauhbeinige Wikinger etwas von einem Ritter an sich, der den Drachen erschlägt und die Jungfrau befreit. Einen friedlichen Zug bietet die Darstellung, wie Egill mit seinen überlegenen Kenntnissen in der Runenmagie eine värmländische Bauerntochter von ihrer Schwindsucht befreit.

Kurz nachdem Egill endgültig nach Island zurückgekehrt ist, ertrinkt sein Lieblingssohn Böðvarr. Der Vater hat an dem Verlust sehr schwer zu tragen. Nach dem Begräbnis legt er sich ins Bett, wie sein Großvater Kveld-Úlfr beim Tod seines Sohnes Þórólfr, und weigert sich, zu essen und zu trinken, und will sterben. Man ruft seine Tochter Þorgerðr hinzu, die Frau des Häuptlings Óláfr pá und die Mutter jenes Kjartan aus der *Laxdœla*. Ihr gelingt es mit einer harmlosen List, den halsstarrigen Egill dazu zu bringen, sich am Leben zu halten, zumindest bis er ein Erblied fertig hätte. Es ist eine liebenswürdige und lebendige Szene zwischen Vater und Tochter, in der sein allmählich nachgebender Starrsinn einen komischen und zugleich rührenden Kontrast zu ihrer Zärtlichkeit und ihrem psychologischen Takt bildet. Der Saga zufolge hätten wir es also Þorgerðr zu danken, daß das *Sonatorrek* („Der Verlust der Söhne") zu Stande kam, ein Lied, das in den Annalen der germanischen Dichtkunst einen ehrenvollen Platz einnimmt.

Es fällt schwer, die Zunge zu rühren und den Gesang aus dem Versteck der Seele hervorzuziehen, so beginnt das Gedicht. Denn der Kummer lastet schwer: der Mann ist nicht froh, der die Leiche seines Verwandten aus dem Hause herausträgt. Mein Geschlecht geht seinem Ende entgegen wie vom Sturm gepeitschte Bäume im Wald. Ran (die Frau Ägirs) hat mich schwer beraubt. Könnte ich mit dem Schwert Rache nehmen, wär's draußen bei Ägir. Aber dazu fehlt mir die Kraft; die Verlassenheit und Ohnmacht des alten Mannes liegen offen zu Tage. Ich vermag meinen Kopf nicht aufrecht zu halten, seit tödliches Fieber mir meinen anderen Sohn nahm. (Böðvars Bruder Gunnarr war zuvor einer Krankheit erlegen.) Noch erinnere ich mich, wie Odin die Stütze meines Geschlechts in der Götter

Heim aufnahm. Ich stand mit Odin auf gutem Fuß und setzte meinen Glauben in ihn, bevor der Sieggott unsere Freundschaft brach. Ungern verehre ich ihn. Doch hat er mir Schadensbuße gegeben, eine edle Gabe: Die Kunst der Dichtung ohne Makel und einen Sinn, der falsche Freunde zu offenen Feinden gemacht hat. Jetzt empfinde ich das als schwer. Jedoch werde ich Hel heiter erwarten, guten Willens und mit sorgenfreiem Sinn.

Das *Sonatorrek* (um 960) wird allgemein als der erste große dichterische Ausdruck eines persönlichen Gefühlslebens auf nordischem Boden angesehen. Der Autor tritt auch dem heutigen Leser noch mit deutlich individuellen Zügen entgegen: in seiner Trauer und Verlassenheit, aber zugleich mit seinem ungebrochenen Selbstbewußtsein als Dichter. Beinahe alles, was Egill gedichtet hat, trägt diesen persönlichen Stempel, der sonst in der Skaldendichtung nicht so gewöhnlich ist.

Die Saga begleitet ihren Helden auch in seiner letzten Zeit, als er schwerhörig und mit verminderter Sehkraft und schließlich völlig blind zu Hause auf dem Hof Mosfell bei seinem Schwiegersohn lebt. Ein starker Gegensatz besteht zwischen dem Egill jener Tage, da er noch ganz bei Kräften war, und dem hilflosen Greis, der über seine eigenen Füße stolpert und von Mägden angefahren wird. Im Alter von über achtzig Jahren kommt ihm einmal eine skurrile Idee. Er beschließt, aufs Allting zu reiten und zwei Kisten mit englischem Silber mitzunehmen, die König Aðalsteinn ihm geschenkt hat. Im Menschengewühl auf dem Gesetzesfelsen will er das ganze Silber ausstreuen, und zwar in der Hoffnung darauf, daß sich die gesamte Tingversammlung in eine Schlägerei verwickeln werde. Offenbar freut er sich kindisch auf diese Abwechslung im eintönigen Dasein eines alten Mannes. Er vertraut seinen

Plan seiner Stieftochter Þórdís an; sie erwidert nachsichtig, daß das ein ausgezeichneter Plan sei, über den man sprechen werde, solange das Land bewohnt sei. Aber natürlich verhindert die Familie den geplanten Streich des Alten.

Die *Egils saga* ist einer der Höhepunkte im Bereich der Sagaliteratur. Sie ist klar und übersichtlich und konzentriert sich — abgesehen von der einleitenden Partie mit dem Schauplatz Norwegen — in ungewöhnlichem Maße auf die Hauptperson. Keine andere Sagagestalt tritt so monumental in ihrer physischen und psychischen Ganzheit hervor wie Egill. Aber er hat mit seinen authentischen Gedichten, die in die Darstellung des Erzählers eingeflochten sind, auch selbst einen außerordentlichen Beitrag zu seinem Portrait geliefert.

Nach einer sehr alten Hypothese soll Snorri Sturluson selbst die *Egils saga* geschrieben haben. Der Gedanke wurde schon von Grundtvig Anfang des neunzehnten Jahrhunderts geäußert. Später ist er mit guten Gründen unter anderem von Sigurður Nordal weiterentwickelt worden. Und schließlich scheint er durch neuere sprachstatistische Untersuchungen eine entscheidende Stütze erhalten zu haben. (Vgl. die Anmerkung zu S. 49.)

Von weiteren Sagas, die — wie die *Egils saga* — einen Skalden als Hauptgestalt haben, mögen hier noch die *Hallfreðar saga*, die *Bjarnar saga hítdœlakappa* und die *Gunnlaugs saga ormstungu* genannt sein. Besonders in der *Kormáks saga* stellt die eigentliche Erzählung kaum mehr als einen verbindenden Text zwischen den zahlreichen *lausavísur* des Helden dar, die an verschiedene Episoden seines Lebens anknüpfen.

In der *Egils saga Skalla-Grímssonar* konzentriert sich allmählich nahezu alles Interesse auf die Titelgestalt. Die *Njála* dagegen kann mit einer ganzen Reihe wichtiger Gestalten aufwarten, Männern sowohl wie Frauen; die Saga gelangt auf diese Weise zu einem größeren Reichtum in der Menschendarstellung. Die üblichen Reisen und Kämpfe, die der Gattung eigen sind, fehlen zwar auch hier nicht. Aber darüber hinaus gibt die *Njála* ein ungewöhnlich reich nuanciertes Bild vom täglichen Leben an Werk- und Feiertagen. Im ganzen gesehen hat keine andere Familiensaga eine solche menschliche Breite wie diese.

Die *Njáls saga* — auch die *Brennu-Njáls saga* genannt oder kürzer noch einfach die *Njála* — läßt sich in drei größere Abschnitte einteilen. Die eigentliche Haupthandlung wird durch die Heirat Gunnars von Hlíðarendi mit Hallgerðr eingeleitet. Danach berichtet die Saga, wie sich die Freundschaft zwischen Gunnarr und Njáll entwickelt und allen Versuchungen standhält, denen sie besonders durch Hallgerðs Intrigen ausgesetzt ist. Dieser Teil erreicht mit Gunnars Tod auf Hlíðarendi seinen Höhepunkt. Im folgenden großen Abschnitt treten Njáll und seine Söhne in den Vordergrund. Eine Wende stellt hier der Mord der Njálssöhne an Höskuldr Hvítanesgode dar. Diese Untat führt zu dem Höhepunkt der gesamten Saga, dem Brand auf Bergþórshváll. Der dritte und abschließende Teil schildert in ziemlicher Breite den Gerichtsgang nach dem Brand und die Blutrache, die von Njáls Schwiegersohn Kári vollzogen wird. Das Drama endet in einer Art Versöhnung. Sowohl Flosi, der Anführer der Mordbrenner, wie auch sein Gegner Kári unternehmen Pilgerfahrten nach Rom, um vom Papst selbst Absolution zu empfangen. Nach dem Tode seiner Frau heiratet Kári die Nichte Flosis, Hildigunnr, die ehemals so mächtig zur Rache gegen die Njálssöhne getrieben hatte.

In diesen Handlungsverlauf sind jedoch Partien eingefügt, die mit der übrigen Erzählung nicht besonders eng zusammenhängen. So ist zum Beispiel der Bericht über die Einführung des Christentums auf Island an und für sich nicht unmotiviert, aber er hat eine solche Breite angenommen, daß man in ihm eine selbständige Darstellung meinte sehen zu dürfen, die ohne größere Umarbeitung in die *Njáls saga* Aufnahme gefunden hat. Von einem anderen Abschnitt, dem sogenannten Brjáns-Bericht im Schlußteil des Werks, nimmt man an, daß er auf eine eigenständige alte Saga zurückgeht, die heute verloren ist; ihr Schauplatz liegt im Ausland, ihr Name geht auf einen irischen König zurück. Allzu breit ist in den Augen des heutigen Lesers die Darstellung der juristischen Prozeduren nach der Mordbrennerei. Sie scheint dafür zu sprechen, daß der Verfasser ein besonderes Interesse an der alten Gesetzgebung gehabt hat.

Die *Njála* läßt sich unter anderem als ausgeprägte Schicksalstragödie betrachten. Njáll selbst versucht nach Kräften, die Forderungen der Ehre mit Frieden und Güte unter den Menschen in Einklang zu bringen. Er weiß, daß sich die Rache bald so, bald so auswirken kann, wie er sich an einer Stelle ausdrückt. Er ist nicht frei von einem gewissen Hang zur Herrschsucht, und er betreibt seine Angelegenheiten mit Klugheit und Autorität, aber auch mit Kraft und List. Sein Freund und Vertrauter Gunnarr von Hlíðarendi und sein Pflegesohn Höskuldr sind vielleicht die Männer, die es am besten verstehen, sein Wesen und sein Ideal recht zu würdigen. Weder Njáll noch Höskuldr richtet jemals die Waffe gegen einen Menschen. Und der Held Gunnarr, der all seinen Landsleuten im Kampf und im sportlichen Wettbewerb überlegen ist, erklärt selbst, daß es ihm schwerer wird als anderen, jemanden zu erschlagen. Wie klug aber auch Njáll seine Ratschläge erteilt, es gelingt ihm nicht, ein unerbittliches Schicksal abzuwenden. Die Menschen in seiner nächsten Umgebung können ihr eigenes heftiges Wesen nicht verleugnen, wie sehr sie ihn im übrigen auch verehren. Und die Verleumdung streut ihre Drachensaat aus. Als Skarpheðinn seinem Vater die Botschaft bringt, daß Höskuldr erschlagen worden ist, sieht Njáll alle seine Bemühungen um Versöhnung zusammenstürzen; er sagt seinen eigenen Tod und den seiner Frau und seiner Söhne voraus. Nach Höskulds Tod ist es, als ob er das Schicksal hinnähme. Er versucht nicht mehr, das Geschehen zu lenken, sondern läßt ihm seinen Lauf. Schließlich, beim Brand selbst, scheint in Njáls Bewußtsein die Vorsehung den Platz des Schicksals einzunehmen. Jenseits des Todes hat das Schicksal keine Macht: „Gott ist barmherzig, er wird uns nicht in dieser Welt und in der nächsten brennen lassen."

Das Schicksal lenkt den breiten Strom der Ereignisse in der *Njáls saga*. Aber innerhalb dieses Rahmens gestaltet der Autor die psychologischen und moralischen Probleme mit größerer Einsicht und Behutsamkeit, als es irgendein anderer Sagaautor getan hat. Diese Seite seiner Kunst läßt sich am augenfälligsten im Zusammenspiel zwischen Njáll, seinen eigenen Söhnen und seinem Pflegesohn Höskuldr beobachten. Die Njálssöhne haben aus geringfügigem Anlaß Þráinn Sigfússon ermordet. Njáll trägt dafür Sorge, daß ein Vergleich zu Stande kommt und volle Totschlagbuße geleistet wird. Danach aber tut er etwas äußerst Bemerkenswertes. Er erbietet sich, Þráins jungen Sohn Höskuldr aufzuziehen; solch eine Pflege galt stets als eine Handlung, die auf Freundschaft und Achtung gegenüber den Eltern des Kindes basierte. Njáls Handlungsweise ist, wie gesagt, ungewöhnlich. Denn nach dem alten Ehrbegriff gehörte es zu den heiligsten Verpflichtungen eines Mannes, seinen Vater zu rächen. Und verhielt es sich so, daß der Sohn noch klein war, als der Vater erschlagen wurde, so verlangten nicht nur die Verwandten und Freunde sondern geradezu die öffentliche Meinung von dem Sohn, sobald er erwachsen war, daß er den Vater rächte. Keine Freundschaft, keine Wohltat vermochte diese unerbittliche Forderung abzuschwächen.

Mit seinem Angebot, den Sohn des erschlagenen Þráinn aufzuziehen, nimmt Njáll also den Kampf gegen tiefverwurzelte Wertungen auf. Und es sieht aus, als ob ihm Erfolg beschieden wäre. Das Band, das ihn und den Pflegesohn verbindet, wird sehr fest. Njáll läßt Höskuldr an seiner Lebensanschauung und seinen moralischen Vorstellungen Anteil haben, und der Jüngling ist für seine Lehren besonders empfänglich. Die Aufnahme Höskulds durch Njáll läßt sich vermutlich unter mehreren Aspekten motivieren. Diese Pflegschaft ist ein Beispiel für seine berühmte Klugheit, ein Versuch, eine Schuld abzutragen und damit zugleich eine gefürchtete Rache abzuwenden. Gleichzeitig wird sie aber zu einem Zeugnis seines ehrlichen Bemühens, seines aufrichtigen Wunsches, etwas gutzumachen. In seinem Verhältnis zu Höskuldr offenbart sich das Schönste im Wesen und in der Lebensanschauung Njáls. Gerade deshalb gewinnt er zu seinem geistigen Sohn eine innigere Liebe als zu seinen leiblichen Kindern.

Es ist ein verheerender Schlag für Njáll, als seine eigenen Söhne sich dazu anstacheln lassen, Höskuldr zu erschlagen, und damit eine unerhörte Freveltat begehen. „Wahrhaftig bereitet mir das einen so großen Kummer, daß ich lieber zwei meiner Söhne verloren hätte, wenn

Höskuldr am Leben geblieben wäre." Sicher denkt er bei diesen Worten an die verhängnisvollen Folgen, die eine solche Untat nach sich ziehen mußte; das Schicksal hat seine weise Vorausplanung grausam zunichte gemacht. Aber gleich stark gibt dieser Ausruf seiner unmittelbaren Trauer über den Verlust des geliebten Pflegesohnes Ausdruck. Es ist, als ob unter dieser doppelten Belastung der Lebensfaden in ihm zerrisse.

Auf die eben zitierte Klage Njáls hin antwortet Skarpheðinn: „Über deine Worte werden wir uns nicht grämen. Du bist ein alter Mann, und es war zu erwarten, daß dir dies sehr nahe gehen würde." Es ist sehr wohl begreiflich, wenn die Njálssöhne sich leicht verletzt darüber fühlten, daß ihr eigener Vater sie für geringer ansah als seinen Pflegesohn. Aber es ist auch wahrscheinlich, daß sie der gesamten Mentalität, die in dem Verhältnis zwischen dem Vater und Höskuldr zum Ausdruck kommt, ziemlich fremd gegenüberstehen. Obwohl von Anfang an zwischen den Njálssöhnen und ihrem Ziehbruder scheinbar eine enge Verbundenheit herrscht, ist es, als ob diese irgendwie auf unsicherem Boden stände und etwas Unnatürliches an sich hätte. Wäre Höskuldr von anderer Gemütsart gewesen, von jener nämlich, die bei den Menschen der Saga gewöhnlich ist, so hätte er niemals den Mord an seinem Vater vergessen, sondern vielmehr auf eine Gelegenheit gewartet, um an Skarpheðinn oder einem seiner Angehörigen blutige Rache zu nehmen. Aber Höskuldr, die Gestalt der Saga, die von christlicher Denkweise am stärksten durchdrungen scheint, hat wirklich vergeben und vergessen; er sinnt nicht auf Rache. Dies ist es, was die Njálssöhne nicht recht begreifen können. Besonders Skarpheðinn, der Mörder Þráins, muß sich dessen in starkem Maße bewußt sein, welchen Schaden er Höskuldr zugefügt hat, und er hört wohl niemals auf, ihm gegenüber ein gewisses Unbehagen zu empfinden. Als Mörðr Valgarðsson beginnt, zwischen den Njálssöhnen und ihrem Ziehbruder Mißtrauen zu säen, erweist sich Höskuldr zwar als immun dagegen. Bei den Njálssöhnen aber gewinnt Mörðr nach und nach Gehör. In seiner zielbewußten Verleumdung spielt er geschickt mit ihrem schlechten Gewissen dem Ziehbruder gegenüber. Für sie muß es sehr glaubhaft klingen, daß Höskuldr sich unter einer freundschaftlichen Maske zur Rache rüste. Endlich ist die Saat der Verleumdung aufgegangen, die Aufhetzung der Njálssöhne hat ihren Höhepunkt erreicht, und sie beschließen, lieber als erste zuzuschlagen als sich selber schlagen zu lassen. Mit dem Mord an einem völlig Unschuldigen bringen sie sich und ihre Familie der Katastrophe näher.

Vor dem Hintergrund des brennenden Bergþórshváll spielt sich ein Drama mit den Proportionen großer Kunst ab. Man hat es mit Shakespeares Tragödien verglichen, und in der Tat hat es dort auch seinen rechten Platz. Hier begegnet man gleichwertigen Größen: im *King Lear* wie in der *Njála* das gleiche allsehende Auge, der gleiche weite Raum um das Geschehen, der gleiche Eindruck von der Unerschöpflichkeit des Lebens. Der Verfasser dieser Saga muß ein Mann gewesen sein, der einen tiefen Einblick in die menschliche Natur und die Tragik des Daseins besessen hat, dieser namenlose Isländer, der irgendwann gegen Ende des dreizehnten Jahrhunderts den Schlußpunkt seines Werkes mit den Worten setzte: „Und hier beschließe ich die Brand-Njáls-Saga."

Die *Laxdœla saga* ist bereits als Beispiel für die wichtige Rolle der Träume und des Schicksalsglaubens in den isländischen Sagas angeführt worden. Der eigene Zauber dieser

Erzählung liegt im übrigen in dem Hauch von Romantik und Ritterideal, der die Darstellung umgibt. Die Saga verharrt mit Vorliebe bei prächtigen Kleidern, bei Reitausrüstung und Waffen. Bolli Bollason gilt nach seiner Heimkehr aus Miklagarðr als so prachtliebend, daß er „keine anderen Kleider tragen wollte als solche aus Scharlach und Samt"; „all seine Waffen hatten Goldeinlagen". Das Bild des berittenen Bolli an der Spitze eines Gefolges, das ausschließlich mit Scharlachkleidern und vergoldetem Sattelzeug ausgestattet ist, erinnert an eine mittelalterliche Handschrift mit Bildern in klaren und leuchtenden Farben:

Er war in eine Tracht aus kostbarem Stoff gekleidet, die der König in Miklagarðr ihm geschenkt hatte, und darüber trug er einen roten Scharlachmantel. Er war mit dem Schwert Fótbítr umgürtet, dessen Querstange und Knauf mit Gold geschmückt waren, das Heft aber mit Goldfaden umwickelt. Er trug einen vergoldeten Helm auf dem Kopf und an der Seite einen roten Schild, auf welchem in Gold ein Ritter eingelegt war. In der Hand trug er eine Lanze, und überall, wo sie Herberge nahmen, hatten die Frauen nichts anderes im Sinn, als die Pracht Bollis und seiner Begleiter zu betrachten.

Bezeichnenderweise werden hin und wieder die französischen Lehnwörter *kurteiss* und *kurteisi* (= französisch *courtois* und *courtoisie)* im Hinblick auf Bolli und andere Männer benutzt. Das ist ein Epitheton, das wenig am Platze wäre, wenn es sich um Egill Skalla-Grímsson oder Skarpheðinn Njálsson handelte.

Sprachliche und stilistische Kriterien sind vor kurzem dafür geltend gemacht worden, daß Óláfr Þórðarson „hvítaskáld" (etwa 1204 bis 1259), einer von Snorri Sturlusons Neffen, die *Laxdœla saga* geschrieben haben soll. Óláfr, der mit recht deutlichen Zügen in der zeitgenössischen *Sturlunga saga* dargestellt ist (vgl. oben Seite 25), vereinigt auch in seiner Person eine Reihe von jenen individuellen Eigenschaften und Ansichten, die man bei dem Gewährsmann der Saga von Guðrún, Kjartan und Bolli erwarten würde.

Ein romantischer Zug in der *Laxdœla saga* ist die Geschichte, wie die von Piraten entführte irische Königstochter Melkorka auf einem Markt auf den Bränninseln vor der Mündung des Göta-Älvs von Höskuldr Dala-Kollsson gekauft und später die Mutter von Óláfr pá und die Großmutter von Kjartan wird. Überhaupt räumt keine andere der berühmten Sagas den Frauen einen so großen Platz ein. Vor allem wird die Szene von Guðrún Ósvífrsdóttir beherrscht. Sie ist ja geradezu zum Urbild der stolzen Frau im Altertum geworden, deren heftige Gefühle in Haß und Liebe ihr blutiges Opfer unter den Männern in ihrem Leben fordern. „Gegen den war ich am schlimmsten, den ich am meisten liebte", bekennt Guðrún ihrem Sohn Bolli im Alter. Das ist einer von den klassischen Aussprüchen der Sagas, eine paradox zugespitzte Formulierung für eine tragische menschliche Erfahrung.

Unter den Gestalten der *Laxdœla saga* begegnen einem außer Guðrún auch noch andere temperamentvolle Frauen. Eine von ihnen ist Auðr, die wie ein Mann in Hosen gekleidet geht und selbst mit dem Schwert in der Hand an ihrem Manne Rache nimmt, als er sich von ihr hat scheiden lassen. Eine weitere ist Þorgerðr, die Tochter von Egill Skalla-Grímsson und die Mutter von Kjartan. Nach dem Tode des letzteren erinnert sie seine Brüder mit beißenden Sarkasmen an den ungerächten Mord. „Wir werden es dir nicht vorhalten, Mutter, wenn wir es vergessen," versichert denn auch ihr Sohn Halldórr. Als man sich zu dem Rachezug rüstet, will sie unbedingt mit dabei sein, trotz der Einwendungen der Söhne: „Denn ich kenne meine Söhne am besten und weiß, daß sie jemanden brauchen, der sie antreibt.“ Als beim Überfall auf Bolli einer der Söhne schließlich mit einem Axthieb den Kopf des Gegners vom Rumpf trennt, wünscht ihm die Mutter Glück zum Werk seiner Hände. Nun werde Guðrún eine Weile damit zu tun haben, Bollis rote Locken zu ordnen, fügt sie triumphierend hinzu.

Frauen als bevorzugte Aufhetzer zur Rache sind in der Sagaliteratur ein gewöhnliches Phänomen. Niemand wird auch bestreiten wollen, daß die Grundlage dafür in der Wirklichkeit selbst gelegen haben kann. Auf der anderen Seite aber ist es offensichtlich, daß das Motiv für literarisch lohnend gehalten und bis zum letzten ausgenutzt wurde. Mitunter nimmt es geradezu einen unwiderstehlich komischen Zug an, und das sicherlich nicht völlig unbeabsichtigt. Als Njáls Kebse Hróðný mit der Leiche Höskulds, der ihrer Verbindung mit Njáll entsprungen ist, nach Bergþórshváll kommt, läßt Bergþóra in ihrer Reaktion keinen Schimmer von Eifersucht erkennen, die vielleicht sonst eine natürliche Regung gegenüber einer Rivalin wäre. In Hróðnýs Beisein wendet sie sich an ihre eigenen Söhne: „Es ist merkwürdig mit euch, Söhne. Totschläge, zu denen ihr nicht verpflichtet seid, begeht ihr. Aber an einer Sache wie dieser kaut und wiederkäut ihr so lange herum, bis nichts daraus wird.“ Dieser Vorwurf der Saumseligkeit hinsichtlich der Rache kommt zweifellos etwas überraschend: die Söhne sind mitten in der Nacht geweckt worden und haben sich noch kaum den Schlaf aus den Augen gerieben!

Wie die Mutter Þuríðr in der altertümlichen *Heiðarvíga saga* ihre Söhne mit drastischen Mitteln dazu antreibt, die Ermordung eines ihrer Brüder zu rächen, davon ist schon (S. 138 f.) die Rede gewesen. Der Vorfall könnte einem wie eine Erinnerung daran vorkommen, daß diese Þuríðr die Tochter der Þorgerðr aus der *Laxdœla saga* ist, die ebenfalls eine ausgesprochene Geschicklichkeit dabei bewies, wenn sie ihre Söhne aufhetzte. Es möchte vielleicht jemand annehmen, daß die Darstellung von Mutter und Tochter in den beiden Sagas den Glauben an die historische Wahrhaftigkeit dieser Literatur zu stützen vermöge: von einer Tochter darf man vermuten, daß sie nach ihrer Mutter artet und ihrem Vorbild folgt. Aber anderseits mochte es auch für einen ungebundener schaffenden Dichter eine Versuchung sein, solch eine Beziehung zwischen den Generationen der Saga herzustellen. Jedenfalls erinnern die Darstellungen der *Heiðarvíga saga* und der *Laxdœla saga* von Þuríðs und Þorgerðs jeweiligem Anteil an der Rache so stark aneinander, daß man geneigt ist, an eine literarische Beeinflussung in der einen oder anderen Richtung zu denken. Die Verfasser haben das Motiv nur in unterschiedlichen Tonarten ausgeführt. In der primitiveren *Heiðarvíga saga* hat es grobe, bäurisch-burleske Züge angenommen; in der *Laxdœla saga,* die bei ihrem Hang zum höfischen Ideal wenig Sinn für derbe Ironie und drastischen Humor entwickelt, ist es in einem eher aristokratischen Geist behandelt worden.

Als Ergänzung und Gegensatz zu dem frühreifen Helden von der Art Egill Skalla-Grímssons findet man in den Sagas die Figur des spät Entwickelten. Diese braucht sich nicht durch einen Mangel an Verstand auszuzeichnen; der Akzent liegt stärker auf der Faulheit und dem tatenlosen Herumlungern hinterm warmen Ofen. Ein junger Mann dieser Art kümmert sich nicht im geringsten um die Arbeit auf dem Hof. Am liebsten liegt er in der Küche vor der Feuerstelle ausgestreckt und läßt die Leute über seine Füße stolpern; deshalb wird er auch Feuerhocker und Kohlenbeißer genannt. In der Regel wird der Kohlenbeißer als wortkarg und wenig umgänglich dargestellt. Er ist darauf aus, seine Umgebung mit mehr oder weniger üblen Streichen zu plagen. Der Hauptakteur in der *Grettis saga Ásmundarsonar,* kürzer *Grettla* genannt, vereinigt gewisse Züge dieses Typs in sich. Eine Art „Aschenstocherer" ist er zwar nicht. Aber er entwickelt sich als Kind langsam, ist schweigsam und verschlossen, jedoch gleichzeitig frech und unverfroren. Er dichtet gern Lieder, und zwar am liebsten Schmählieder, und gibt scharfe, ironische Antworten. Die einzelnen Aufgaben, mit denen sein Vater ihn betraut, sabotiert er auf haarsträubende Weise.

Der unverfälschte Kohlenbeißertyp der Sagas pflegt zur Überraschung seiner Umgebung mit einem Mal seine Vergangenheit abzustreifen und eine völlig neue Seite seines Wesens zu offenbaren. Vielleicht wird die Verwandlung dadurch symbolisiert, daß er gleichzeitig seine verschlissenen Kinderkleider ablegt. Von einer solchen Metamorphose kann bei Grettir keine Rede sein. Vielmehr hat es den Anschein, als wollte die Saga mit ihrer Darstellung seiner Kindheit einen Hinweis auf sein künftiges Schicksal geben. Grettir ist ja vor allem als der große Geächtete bekannt, der am längsten von allen Männern auf Island verbannt gewesen ist. Aber Verbannung bedeutet Isolierung und Einsamkeit. Und einsam wirkt Grettir schon als Junge zu Hause, wo er sich ständig auf der Hut vor dem Vater befindet, mit spitzen, sentenzhaften Reden. Der Gegensatz zu seinem älteren Bruder Atli ist stark herausgestellt. Von diesem heißt es, er sei „freundlich und gutwillig, friedlich und sanftmütig, von allen geschätzt" gewesen. Ihm wird eine Zukunft als „rühriger, umsichtiger und reicher Mann“ vorausgesagt, während Grettis Wesen beim Vater schlimme Ahnungen hervorruft.

Die Saga entwickelt sich danach in einer langen Reihe phantastischer Abenteuer, in denen Grettir seine mächtigen körperlichen Kräfte zur Schau tragen kann. Er kämpft nicht nur siegreich mit gewöhnlichen Berserkern, sondern auch mit Widergängern und Trollen. Besonders dramatisch wird sein nächtlicher Kampf mit dem fürchterlichen Widergänger Glámr dargestellt. Auf eine Weise, wie sie in der Sagaliteratur äußerst selten zu finden ist, trägt hier eine kurze Naturbeschreibung mit dazu bei, die schauerliche Stimmung zu intensivieren: „Draußen herrschte heller Mondschein mit dahinjagenden Wolken, mitunter zogen die Wolken sich zusammen, mitunter trat der Mond hervor. Gerade als Glámr fiel, riß die Bewölkung auf, und Glámr warf Grettir einen scharfen Blick zu. Grettir hat selbst gesagt, dieses sei der einzige Anblick gewesen, der ihn in Furcht versetzt habe.“ Bevor der Widergänger erschlagen wird, überhäuft er seinen Gegner noch mit schweren Flüchen: Grettir soll mit dem Bann belegt und gezwungen werden, einsam in der Wildnis zu wohnen; auch soll ihm Gláms fürchterlicher Blick stets vor seinen Augen herumspuken.

All diese Abenteuer könnten an und für sich als eine recht oberflächliche Unterhaltung erscheinen, abgesehen davon, daß sie ausgezeichnet erzählt sind. Aber wenn es sich um Grettir handelt, wird ihnen offenbar eine besondere künstlerische und psychologische Motivierung zuteil. Sie heben das Eigentümliche und Wilde in diesem Manne selbst und in seinem Schicksal als Verbannter hervor. Das Erlebnis mit Glámr kann geradezu als eine symbolische Bekräftigung dafür erscheinen, daß Grettir unwiderruflich ein großer „Unglücksmann“ ist, — wie ihn die Saga hin und wieder nennt. Gegen Ende jedoch nimmt die Erzählung in stärkerem Ausmaß rein menschliche Züge an. Auf der einsamen Felseninsel Drangey, seinem letzten Zufluchtsort, wird der todkranke Grettir, auf den Knien kämpfend, erschlagen. Und da nun ist der Verbannte nicht gespensterhaft einsam. An seiner Seite steht sein jüngerer Bruder Illugi, der treu die Strapazen auf der Insel mit ihm geteilt hat.

Keine andere von den größeren Sagas weist einen so beträchtlichen Anteil an übernatürlichen Dingen auf wie die *Grettla,* wenn auch Trollwesen und Spuk beispielsweise in der *Eyrbyggja saga* ebenfalls nicht fehlen. Man sollte annehmen, daß solche Motive von dem im ganzen gesehen sehr sachlichen Ton der Sagas stark abstechen müßten. Aber einerseits muß man sich ins Gedächtnis rufen, daß diese Erscheinungen in den Augen der Sagamenschen in die Welt der Realitäten gehörten. Anderseits trägt die außerordentliche Erzählkunst dazu bei, auch den phantastischen Episoden einen suggestiven Realismus zu verleihen. So wird beispielsweise von Grettis spannendem Ringkampf mit Glámr nahezu jeder Griff erzählt. Der Widergänger erhält eine solche Plastizität, daß der Leser bereit ist, seine Existenz anzuerkennen.

Der Verfall der Sagaliteratur

Gegen 1300 scheinen die Kräfte, die die isländische Saga hervorbrachten, erschöpft zu sein. Die Sagaliteratur, die noch immer blühte, gewann in zunehmendem Maße einen wirklichkeitsfremden Charakter; es waren sogenannte *lygisögur* „Lügensagas“ verschiedenster Art. Man hat diese Literatur mit dem Strom internationalen romantischen Sagenstoffs in Verbindung gebracht, der im späten Mittelalter auch Island erreichte. Die Ritterromane aus dem zwölften Jahrhundert — beispielsweise der Gedichtzyklus über König Artus und seine Ritter von der Tafelrunde, zusammen mit anderen walisischen oder bretonischen Epen — breiteten sich über ganz Europa aus. Für König Hákon Hákonarson übersetzte der Mönch Robert 1226 die berühmte Liebesgeschichte von Tristan und Isolde ins Norwegische. Damit war der Ritterroman, ein Zeugnis für das höfische Ideal des europäischen Adels, in Norwegen eingeführt, und zahlreiche Übersetzungen folgten.

Es ist anzunehmen, daß die norwegische Initiative einen Einfluß auf die Isländer ausgeübt hat, als diese zu eigenen Übersetzungen gleicher Art griffen. Aber sie hat vielleicht auch eine gewisse Rolle für jene selbständigere Verfassertätigkeit gespielt, die den sogenannten Vorzeitsagas zugrundeliegt. (Vgl. oben Seite 55.) Der Stil ist mindestens äußerlich der gleiche wie in den Familiensagas, die Erzählung ist in großen Zügen nach einem ähnlichen Plan aufgebaut und umspannt zwei bis drei Generationen. Der Ton ist sachlich, als ob es sich um eine wahre Geschichte handelte. Der Inhalt aber kann dafür um so phantastischer sein. Um eine Gestalt wie Örvar-Oddr hat der Verfasser alle denkbaren und undenkbaren Abenteuer gesammelt. Heldentaten und große Leistungen werden gehäuft, unter reichlicher Verwendung von Motiven aus der Volkssage. Der Held hat seinen Namen (Örvar-Oddr = Pfeil-Oddr) nach seinen Pfeilen bekommen, die stets zu ihm zurückkehren, wenn er sie verschossen hat. Er beginnt seinen Siegeszug mit einer Fahrt nach Bjarmaland, wo er im Kampf gegen Trolle mit einer schweren Keule Wunderwerke verrichtet. Eine irische Königstochter schenkt ihm ein verhextes Hemd, das gegen Kälte, Hitze und alle Arten von Waffen schützt; ja, selbst vor Hunger. Nur in einem einzigen Falle zeigt es keinerlei Wirkung, nämlich wenn der, der es trägt, aus dem Kampfe flieht, — eine Möglichkeit, die jedoch nicht in Betracht kommt, wo es sich um Ǫrvar-Oddr handelt. Einmal wird er von einem gewaltigen Greif entführt und den Greifsjungen hoch oben in einer unzugänglichen Gebirgsschlucht als Atzung vorgeworfen. Aber selbstverständlich wird er auch dieser Situation gerecht, und zwar mit Hilfe eines Riesen, und setzt darauf seine Odyssee fort.

Neben den phantastischen Taten und Abenteuern wird die Liebe jetzt zu einem viel stärker hervortretenden Motiv, als es in den Familiensagas der Fall war. Als Beispiel mag die Erzählung von Fritjof dem Kühnen angeführt sein, die besonders durch Esaias Tegnérs poetische Fassung der Saga berühmt geworden ist.

Man darf sich die chronologische Reihenfolge von *Íslendingasögur* und *lygisögur* nicht als zu klar und eindeutig vorstellen. Einerseits hat man sich allem Anschein nach einer wilder fabulierenden Erzählkunst zugewandt, die neben den nüchternen Familiensagas existierte. Anderseits aber weisen auch die letzteren mitunter Spuren fremden Sagenguts auf. Im großen und ganzen aber ist die Grenze zwischen den beiden Saga-Typen sehr deutlich; es ist ein Unterschied, der nicht nur dem Grad sondern auch der Art nach besteht.

Schon in einem ziemlich frühen Stadium jedoch erhielt die Prosakunst eine letzten Endes überwältigende Konkurrenz. Vom Anfang des vierzehnten Jahrhunderts an begegnen einem auf Island die sogenannten *rímur*. Formal stellen sie eine Verbindung zwischen der alten nordischen Skaldenpoesie und der mittelalterlichen Dichtung des Kontinents dar. Die vierzeiligen Strophen haben den jüngeren Schlußreim übernommen, gleichzeitig aber Alliteration und Kenningar beibehalten. Diese *rímur* konnten zu mehreren hundert Strophen anschwellen, die in mehr oder weniger abgeschlossene Gruppen aufgeteilt waren, entsprechend etwa den Kapiteln in Prosawerken. Die Stoffe wurden inländischen und fremden Prosaerzählungen entnommen — nicht zuletzt auch den Vorzeitsagas — und in der Regel mit großer Treue dem Inhalt gegenüber behandelt. Das Neue, abgesehen von der Versform selbst, ist der subjektivere Ton, der sich durchweg bemerkbar macht. Die ansonsten epischen *rímur* werden durch einige rein lyrische Strophen eingeleitet, die oft erotischen Charakter tragen (*mansöngr* = „Liebesgedicht"). Dieser lyrische Einschlag läßt sich auch in anderen Zweigen der isländischen Literatur beobachten und stellt im übrigen eine allgemeineuropäische Erscheinung dar, wie es unter anderem das skandinavische Volkslied bezeugt. Die *rímur* sind im ganzen gesehen eine sehr dürftige Poesie. Aber sie sind offenbar vom Volk stark geschätzt worden. Auf altertümliche Melodien bis in unsere Zeit hinein gesungen, haben sie dazu beigetragen, die literarische Tradition auf Island durch dunkle Jahrhunderte hindurch am Leben zu erhalten.

Es bedarf an und für sich vielleicht keiner besonderen Erklärung dafür, daß die isländische Familiensaga ihrem Ende entgegengeht. In Werken wie der *Egla*, der *Laxdœla* oder der *Njála* waren die Möglichkeiten des Stoffs sowohl wie des Stils bis zum Äußersten ausgenutzt; auf ihrem eigenen Feld den Wettkampf mit ihnen aufzunehmen, war kaum möglich. Aber wenn auch die literarische Aktivität nach neuen Wegen suchen mußte, so erhebt sich doch die Frage, warum die künstlerische Qualität so unerbittlich auf ein Niveau absinken mußte, wie man es in den *fornaldarsögur* und *rímur* beobachtet. Man hat die Erklärung dafür in dem allgemeinen kulturellen Verfall auf Island gesucht. Im Jahre 1262 verlor das Land seine politische Selbständigkeit, als es unter die norwegische Krone kam. Im vierzehnten Jahrhundert wurde es von wiederholten Vulkanausbrüchen, von Seuchen und Notjahren schwer betroffen. Handel und Verkehr gelangten in immer größerem Ausmaß in die Hände von Fremden. Island scheint einer Verarmung anheimgefallen zu sein, deren Druck das gesamte Volksleben zum Erliegen brachte.

Gute wirtschaftliche Verhältnisse sind keine Garantie dafür, daß große Dichtung hervorgebracht wird. Anderseits kann man sich die Entstehung einer Literatur wie der isländischen Saga kaum ohne gewisse wirtschaftliche Voraussetzungen vorstellen. Die *Njála* hätte von keinem Volk hervorgebracht werden können, das mit dem Hunger zu kämpfen hatte. Ihr Autor muß in einer festen literarischen Tradition verwurzelt gewesen sein, und er selber muß über Zeit und Mittel verfügt haben, geistigen Interessen nachzugehen. Trotz ihrer volkstümlichen Darstellung ist die Familiensaga eine aristokratische Kunst. Ihr gegenüber nehmen sich die *fornaldarsögur* und *rímur* als eine recht plebejische Unterhaltungsliteratur aus, die einen an die Illustrierten und die Fortsetzungsromane von heute erinnern könnte. Ganz unabhängig von ihrem „historischen“ Gehalt verrät die Familiensaga in Menschendarstellung und Lebensanschauung einen unbestechlichen Wirklichkeitssinn. Man möchte sie sich unter Menschen entstanden denken, die über Erfahrung, Umsicht und Autorität verfügten, Menschen, die über sich selbst und andere bestimmten. Mit den *rímur* ist es in jeder Hinsicht nicht so weit her. Man kann sich gut vorstellen, daß sie als Zuflucht gedient haben, als Phantasiewelt, in der man Armut, Isolierung und die Verweichlichung des eigenen Volkes vergessen konnte. Die Ohnmacht, das Gefühl, sein Leben nicht mehr selbst gestalten zu können, ließ den umfassenden Wirklichkeitssinn, den die Sagas offenbaren, veröden.

Ungefähr zu der gleichen Zeit, da Island seine nationale Freiheit verlor, ging in der isländischen Volkskirche eine bedeutende Veränderung vor sich. Wie schon erwähnt, stand sie anfänglich in starker Abhängigkeit von der weltlichen Macht. Es kam hier nicht zu der gleichen Kluft zwischen Weltlichem und Geistlichem, wie es anderswo der Fall war. (Vgl. oben Seite 20ff.) Hierin hat man eine Voraussetzung dafür gesehen, daß die Sagas die heidnische Mentalität so erstaunlich getreu bewahren konnten. Jetzt aber, gegen Ende des dreizehnten Jahrhunderts, gewann die isländische Kirche eine wesentlich vergrößerte wirtschaftliche und juristische Macht, vor allem durch den Einfluß des tatkräftigen Bischofs Árni Þorláksson (gestorben 1298). König und Kirche hatten gesiegt. Der alte isländische Freistaat mit seinen Wurzeln in einem trotzigen Individualismus und in heidnischer Lebensanschauung existierte nicht mehr, weder als politische noch als geistige Realität. Die fruchtbare kulturelle Atmosphäre, die eigentümliche Spannung zwischen alten und neuen Idealen, die noch in der *Sturlunga* so deutlich zu spüren ist, gehörten endgültig der Vergangenheit an.

Die Saga und die Nachwelt

Im siebzehnten Jahrhundert erwachte unter den Gelehrten des Nordens ein lebhaftes Interesse an den alten isländischen Handschriften. Man ließ eine Sammeltätigkeit beginnen, die so energisch betrieben wurde, daß Island schließlich von all seinen einmaligen nationalen Kulturschätzen nichts mehr besaß. Das meiste kam nach Kopenhagen. So sandte der Bischof von Skálholt, Brynjólfur

Sveinsson (1605—1675), im Jahre 1662 Frederik III. die wichtigste Handschrift der Lieder-Edda („Codex Regius“) als Geschenk. Der bedeutendste Sammler war der Isländer Árni Magnússon (1663—1730), Amtmann und Professor in Kopenhagen. Mit nie ermüdendem Eifer, mit Spürsinn und kritischem Urteil brachte er eine außerordentlich wertvolle Sammlung zu Stande, die er testamentarisch der Universität Kopenhagen vermachte. Präsident dieser Arnamagnaeanischen Sammlung ist seit 1927 sein Landsmann Jón Helgason (geboren 1899).

Nachdem Island 1944 aus der Union mit Dänemark ausgetreten und eine Republik mit eigenem Staatsoberhaupt geworden war, ist von isländischer Seite die Forderung erhoben worden, den Hauptanteil dieser Handschriften in der Königlichen Bibliothek und in der Arnamagnaeanischen Sammlung zurückzubekommen. Außer dem „moralischen“ Recht an diesen Nationaldokumenten, die von Isländern auf Island geschrieben worden sind, hat man auch sachlichere, staatsrechtliche Gründe geltend gemacht. Daß hervorragende Isländer seinerzeit selbst beim Export der isländischen Handschriften nach Dänemark mitwirkten, war völlig durch die damalige Situation bedingt. Dem wirtschaftlich geschwächten Island fehlte es an der Möglichkeit, sich seiner zerbrechlichen literarischen Schätze anzunehmen, die Gefahr liefen, in elenden Hütten zu vermodern. Verantwortliche Männer hielten es für richtig, sie nach Kopenhagen in Sicherheit zu bringen: die Universität in Kopenhagen war auch das kulturelle Zentrum der Isländer, Dänemarks König war zugleich auch der König von Island. In unserer Zeit haben sich die Verhältnisse völlig gewandelt. Seit 1911 besitzt Reykjavik eine Universität mit reger Forschung und Herausgebertätigkeit gerade auf dem Gebiet der Sagaliteratur. Als Knotenpunkt des transozeanischen Flugverkehrs ist Island relativ leicht für ausländische Wissenschaftler auf beiden Seiten des Atlantiks erreichbar geworden. Die neue Republik, die Erbin des alten Freistaats, hält die Zeit für gekommen, die alten isländischen Handschriften wieder in ihre ursprüngliche Umgebung zurückzuführen, das stolze Kulturerbe, das in den Augen vieler Isländer als Symbol für die Bedeutung des kleinen Islands gilt, für sein Recht auf einen Ehrenplatz im Kreis der unabhängigen Völker. Es sieht im Augenblick (Frühjahr 1964) auch so aus, als ob der dänische Staat in naher Zukunft den isländischen Wünschen großzügig entgegenkommen werde. In Reykjavik ist bereits ein Institut mit EINAR ÓL. SVEINSSON (geboren 1899) als Leiter eingerichtet worden, das sich der ersehnten Schätze annehmen soll.

Die Schweden haben an der Sammlung und an der Herausgabe isländischer Handschriften schon früh aktiv Anteil genommen. Der erste Druck einer isländischen Saga, der *Gothrici et Rolfii historia,* wurde in Schweden im Jahre 1664 von dem Altertumskundler OLOF VERELIUS (1618—1682) herausgegeben; darauf folgte unter anderem 1672 die *Hervarar saga.* Das Interesse an dieser Literatur in Schweden hatte einen nationalen Grund: die Gelehrten der Großmachtszeit wollten in solchen Sagas — die unkritisch als Geschichte interpretiert wurden — eine Bestätigung für die ehrenvolle Vergangenheit des Nordens und Schwedens finden. Bezeichnenderweise richtete man die Augen dabei nicht zuletzt eben auf die phantasiereicheren Sagas; die beiden eben erwähnten gehören in diese Kategorie.

Schon in der Großmachtszeit fand die isländische Literatur jedoch auch als künstlerisches Vorbild Beachtung. Bei den Bemühungen dieser Epoche, zu einem schwedischen

Roman zu gelangen, stellte sie ein nicht unwesentliches Vorbild dar. Und sie ist seitdem noch bis in unsere Tage hinein ein bedeutendes Stimulans in der nordischen Dichtung geblieben, was sowohl für die Themenwahl wie für den Stil gilt. Ihr außerordentlicher Einfluß ist in seiner Gänze niemals dargelegt worden. Unter den zahlreichen Verfassern, die der isländischen Saga mit mehr oder weniger Gewinn ihren Tribut gezollt haben, soll hier bloß an einige der bekannteren erinnert werden: Adam Oehlenschläger; Esaias Tegnér, August Strindberg, A. U. Bååth, Selma Lagerlöf; Henrik Ibsen, Björnstjerne Björnson, Sigrid Undset.

Gewiß hat die isländische Saga in einem höheren Grad als für andere nordische Dichter für Islands eigene späte Erzähler eine Anregung bedeutet. Als Stilvorbild muß den Sagas bei ihnen eine viel tiefere Bedeutung zukommen als anderswo. Das beruht unter anderem darauf, daß die isländische Sprache selbst in so unvergleichlicher Weise ihre Verbindung zur Vergangenheit bewahrt hat. Die Isländer haben nicht wie andere Skandinavier das Gefühl, sich in einer sprachlich fremden Welt zu bewegen, wenn sie ihre mittelalterliche Literatur in deren alter sprachlicher Gestalt lesen; ein isländisches Kind, das lesen lernt, kann auch auf eigene Faust zu den Erzählungen von Gunnarr von Hlíðarendi und anderen Helden Zugang finden. Der klassische Sagastil wird als ein noch lebendiges und aktuelles Moment in der Kulturtradition des Volkes empfunden.

Unter den zahlreichen isländischen Dichtungen, die Themen und Stil der Sagas fortgeführt haben, nimmt Halldór Laxness' *Gerpla* (1952) den ersten Platz ein. Der Verfasser hat auf eine ungemein zielbewußte und konsequente Weise an die Tradition angeknüpft; als stilistische Leistung ist dieser Roman eine Kraftprobe. Aber natürlich schreibt Laxness trotz allem seine isländische Saga nicht unter den gleichen Aspekten wie seine mittelalterlichen Vorgänger. Dann wäre daraus nämlich lediglich eine Umarbeitung, ein Aufwärmen eines traditionellen Stoffs geworden, nicht eine neue Saga im Sinne eines selbständigen Werkes mit einer eigenen Problematik. Der Dichter hat es verstanden, seinem persönlichen Sagastil neue Effekte abzugewinnen, die nicht selten ironischer Natur sind. Seine eigene Zeit macht sich ebenfalls auf vielfache Weise bemerkbar, obgleich man das Werk sehr genau an den Nahtstellen prüfen muß, um das festzustellen.

Als junger Bilderstürmer hatte Laxness mit spaßiger Arroganz die alte nationale Stiltradition abgewertet und von Snorri und den anderen „alten isländischen Greisen" und ihrem Bemühen gesprochen, „einige todlangweilige Tatsachen zu sammeln, die keinen etwas angehen"; damals konnte er nichts daraus lernen. Mit der massiven Saga *Gerpla* hat sich der Dichter, als die Zeit dafür reif war, selbst unter die strenge Disziplin der klassischen isländischen Prosa, der „alten Greise", gestellt. Das ist ein unübertreffliches Zeugnis für die Lebenskraft und Kontinuität der isländischen Kultur, für ihre Gewalt über den, der unter ihrem Schatten aufgewachsen ist. Laxness ist nunmehr zu der Einsicht gelangt, daß „ein isländischer Verfasser nicht leben kann, ohne ständig die alten Bücher in Gedanken gegenwärtig zu haben".

Ein Abschnitt der nebenstehenden Seite (Zeile 3—12) in buchstabengetreuem („diplomatischem“) Abdruck; jedoch sind die zahlreichen Abkürzungen der Handschrift in der üblichen Weise aufgelöst und durch Kursivdruck kenntlich gemacht:

G. letr flytia v*oro* þ*ei*ra br*ęðra* *til* skips ok þa e*r* oll favng .G. v*oro* ko*m*in *ok* skip v*ar* miok bvit. þa riðr .G. til b*er*gþ*or*shvals *ok* aðra bęi at fina m*enn* *ok* þackaði liðveizlv ollv*m* þ*eim* er h*onv*m hofðv lið veit*t*. an*n*an dag eptir byr h*ann* fe*r*ð sina *til* skips. *ok* sagði þa ollv liði at h*ann* m*vn*di riða í b*r*ot*t* alf*ari*. *ok* þot*t*i mo*nnv*m þ*at* mik*it*. en ventv þo t*il*q*va*mv h*ans* siðaʀ .G. hv*er*fr t*il* allra m*anna* e*r* h*ann* v*ar* bvin*n* ge*n*gv m*enn* vt me*ð* h*onv*m all*ir*. h*ann* stingr niðr atg*eirinum* *ok* stiklar i soðvlin*n* *ok* riða þ*ei*r kolsk*eggr* í b*r*ot*t*. þ*ei*r riða f*ra*m at mark*ar*flioti. þa drap hestr .G. fęti *ok* stok h*ann* af baki. h*onv*m v*ar*ð litið vp*p* *til* hlið*ar*in*n*ar ok bearins at hlið*ar*enda ok mel*t*i fogr e*r* hliðin *sva* at m*er* hef*ir* h*on* alld*ri* iafn fǫgr synz. blęik*ir* ak*rar* en slęgín tún *ok* m*vn* ek riða heím aptr ok f*ara* hv*er*gi.

Eine Seite aus einer der ältesten und besten Handschriften der Njála. Das Manuskript, das nach dem ersten bekannten Besitzer, Ingjaldur Illugason aus Reykir in Miðfjörður, gewöhnlich Reykjabók genannt wird, gehört zur berühmten Arnamagnaeanischen Sammlung in Kopenhagen (vgl. S. 168 oben) und trägt dort die Signatur AM 468 4to. Es wird auf etwa 1300 datiert.

v̄ reiða a at miog lofsitr. allvt hin betz m̄ ꝫ suerðinu. sa v̄ m̄ fr v̄ uagr
ni. ss. G. hogni ok grimr. sa v̄ m̄ oskaplik. hafði G. mikit afskalyndi moð
ur. en hogni v̄ vel at s. G. letr flytia v̄ sina til skips ok þa e͛ oll fong G.
v̄ komin ⁊ skip v̄ miok buit. þa riðr G. til bergþorshuals ⁊ aðra bęi at fina m̄
⁊ þackaði liðveizlu ollū þ͛ er hoɴ hofðu lið veitt. annan dag epꞇ byr
h fd sina t' skips. ⁊ sagði þa ollu liði at h m̄di riða iꝼ̄t alfari. ⁊ þotti ollū
þ͛ mikit. en vęntu þo t' qmo h siðar. G. hvꝼr t' allra m̄ e͛ h v̄ buin gg
m̄ vt m; hoɴ allr. h stangꝛ niðr atgeirnū ⁊ stiklar i soðulin ⁊ riða þꝛ kolsk.
iꝼ̄t. þꝛ riða fꝛm at markar fliotı. þa drap hestꝛ G. fęti ⁊ stok h af baki. hm
v̄ⱳ litið vp t' hliðinar ⁊ bęiarins at hliðar enda ⁊ mli. fogr e͛ hliðin s at m
her h͛ alldri iafn fogr synz. bleikir akrar en slegin tun ⁊ mun ek riða heim
aptr ⁊ fa hvergi. Gerðu e͛ þn ovina fagnat. s. kolsk. at þu rıuꝼ sęt þina. þt
þ͛ m̄di engi maðꝛ þ͛ etla. ⁊ ihugu þ͛ etla mega at s m̄ allt fa sē .n. hef sagt
h ugi m̄ ek. fa ⁊ s villda ek at þu gęðir e͛ s. þ͛. s. kolsk. hvarki sl ek a þu niðaz
⁊ aongu aðru. þ͛ e͛ m e͛ t' trv. ⁊ m̄ sia ein hlotꝛ s va at skilia m̄ m; oss
en segt þ͛ frendū minū ⁊ moðr minni at ek etla eki at sia isld. þt ek m̄
spyria þik latin v̄ða. ok hellz mik þa eki t' vt fǫrar. skilꝛ þa m; þ͛ riðr
G. heim t' hliðarenda. en kolsk. riðr t' skips ok fr vtan. hallg. v̄ð fegin G.
e͛ h kō heim en moð h lagði fatt t'. G. sitr nu heima þꝛa haust ok vetrin ⁊
hafði eki mꝛt m̄ m;. s. Olafr pai bauð G. t' sin ⁊ hallg. en fa bv i hende
moð. s. ⁊ hogna. s. sinū. G. þotti fysilict fyrst ⁊ iatadi þ͛. en þa e͛ at kō þa
villdi h e͛. en a þingi v̄ sumrit. lysa þꝛ. Gizꝛ sekt h at logbergi. en aðꝛ þ͛ s laus
h v̄ stefndi Gizor ollū vuinū G. i almagia. s̄ulu vndan þ͛ bryggiu. ⁊ þotti s.
h. oð. ⁊ valgarði enū g. Geirr. G. ⁊ hialta skeggia. s. þorvndi ⁊ asbrandi þorleifs. ss.
Ulfi ⁊ asmundi. s. þꝛ onundi ꝫ trolla skogi. þ͛ grimi ꝫ sandgili. Gizꝛ mli.
Gt vil bioða þ͛ at v fari at G. i sumar. ok drepim h. hialti m. þ͛ het ek G.
h a þingi. þa er h gorði mest fyrir min orð. at ek sldi e͛ va i at forū v̄ Gunnarr sl ok
s va. sit þ͛ gek hialti ibrt. Gn þꝛ reðv. at fara v̄ G. er ept v̄ ⁊ hofðu handtak
at ⁊ logðu v̄ sekt ef nokkꝛ gengi yr. oð. skyllði hallda niosnū h betz ge
fi feri ahm ⁊ v̄ ha. .xl. m̄ i þ͛v sambandi. þt þ͛ s nu m̄du litið þ͛ at vei

Der gleiche Abschnitt in einer „normalisierten" älteren isländischen Schreibung, wie man sie gewöhnlich in den üblichen Textausgaben und Lehrbüchern findet:

Gunnarr lætr flytja vǫru þeira brœðra til skips. Ok þá er ǫll fǫng Gunnars váru komin ok skip var mjǫk búit, þá ríðr Gunnarr til Bergþórshváls ok [á] aðra bœi at finna menn ok þakkaði liðveizlu ǫllum þeim, er honum hǫfðu lið veitt.

Annan dag eptir býr hann ferð sína til skips ok sagði þá ǫllu liði, at hann myndi ríða í braut alfari, ok þótti mǫnnum þat mikit, en væntu þó tilkvámu hans síðar. Gunnarr hverfr til allra manna, er hann var búinn. Gengu menn út með honum allir. Hann stingr niðr atgeirinum ok stiklar í sǫðulinn, ok ríða þeir Kolskeggr í braut. Þeir ríða fram at Markarfljóti. Þá drap hestr Gunnars fœti, ok stǫkk hann af baki.

Honum varð litit upp til hlíðarinnar ok bœjarins at Hlíðarenda ok mælti: "Fǫgr er hlíðin, svá at mér hefir hon aldri jafnfǫgr sýnzk, bleikir akrar en slegin tún, ok mun ek ríða heim aptr ok fara hvergi."

Der gleiche Abschnitt, in heutiges Isländisch übertragen; die Veränderungen sind, wie man sieht, unbedeutend und betreffen eigentlich nur die Orthographie:

Gunnar lætur flytja vöru þeirra bræðra til skips. Og þá er öll föng Gunnars voru komin og skip var mjög búið, þá ríður Gunnar til Bergþórshvols og á aðra bæi að finna menn og þakkaði liðveizlu öllum þeim, er honum höfðu lið veitt.

Annan dag eftir býr hann ferð sína til skips og sagði öllu liði, að hann myndi ríða í burt alfarinn, og þótti mönnum það mikið, en væntu þó tilkomu hans síðar. Gunnar hverfur til allra manna, er hann var búinn. Gengu menn út með honum allir. Hann stingur niður atgeirnum og stiklar í söðulinn, og ríða þeir Kolskeggur í burt. Þeir ríða fram að Markarfljóti. Þá drap hestur Gunnars fæti, og stökk hann af baki.

Honum varð litið upp til hlíðarinnar og bæjarins að Hlíðarenda og mælti: "Fögur er hlíðin, svo að mér hefir hún aldrei jafnfögur sýnzt, bleikir akrar en slegin tún, og mun ég ríða heim aftur og fara hvergi."

Der gleiche Abschnitt in deutscher Übersetzung:

Gunnarr läßt seine und seines Bruders Waren an Bord des Schiffes bringen. Und als alle notwendigen Dinge da waren und das Schiff seeklar war, reitet Gunnarr nach Bergþórshváll und auch zu anderen Höfen, um Abschied zu nehmen, und dankte all denen, die ihm Beistand geleistet hatten.

Am nächsten Tag macht er sich fertig, um zum Schiff hinabzureiten, und sagt all seinem Gesinde, daß er für immer fortreite. Das ging ihnen allen sehr zu Herzen, aber sie hofften dennoch, daß er einmal zurückkommen werde. Als Gunnarr fertig war, nimmt er von allen Abschied, und alle begleiteten ihn hinaus. Er sticht die Hellebarde in den Boden und schwingt sich in den Sattel. Dann reiten er und Kolskeggr ihres Weges. Sie reiten auf Markarfljót zu. Da strauchelte Gunnars Pferd, und er wurde aus dem Sattel geworfen.

Er lag so, daß er den Hang und den Hof von Hlíðarendi sah, und sagte: „Schön ist der Hang. Nie ist er mir so schön vorgekommen, die gelben Felder und die gemähten Wiesen. Ich will wieder nach Hause zurückreiten und nirgendwohin ziehen."

Nachwort zur deutschen Ausgabe

HALLBERGS vorliegende Einführung in den Bereich der isländischen Saga will in knapp gehaltener, konzentrierter Form einen Überblick geben über die Eigentümlichkeiten dieser „nur-isländischen Pflanze" (HEUSLER) und zugleich auf Fragen und Zusammenhänge hinweisen, mit denen es die Saga-Forschung zu tun hat. Auf leicht verständliche Weise behandelt der Verfasser, nachdem er den historischen Hintergrund kurz skizziert hat, alle wesentlichen Eigenheiten dieser Gattung, spricht ausführlicher über die umstrittene Frage ihrer Entstehung, charakterisiert Stil und Personendarstellung der Sagas und greift dann einzelne, für diese Denkmäler bezeichnende Details wie etwa Träume und Schicksalsglauben, Humor und Ironie auf, erörtert Lebenswerte und Ideale der Saga-Menschen und anderes mehr. Man darf wohl sagen, daß diese anregende Darstellung nichts Wesentliches ausläßt. Und ein weiterer Vorteil liegt darin, daß HALLBERG seine Beschreibung mit zahlreichen, geschickt ausgewählten Beispielen illustriert und den Leser auf diese Weise mit einer ansehnlichen Sammlung in der Saga-Literatur immer wieder zitierter Passagen vertraut macht.

Freilich, der Interessentenkreis, mit dem HALLBERG in seinem eigenen Lande rechnen durfte, sieht anders aus als das Publikum, an das die deutsche Ausgabe sich wendet. Einem literatur- und kulturgeschichtlich interessierten skandinavischen Leser wird die isländische Dichtung das sein, was seinem südlichen Nachbarn etwa Nibelungenlied und höfische Poesie bedeuten, so inkommensurabel beide Literaturen auch sein mögen. An welche Leser nun denkt der Verlag bei dieser deutschen Ausgabe? Schwerlich an den Experten, der mit gezielter literatur-, sozial- oder religionsgeschichtlicher Fragestellung an die Sagatexte herantritt. Er wird sich speziellerer wissenschaftlicher Literatur bedienen und hier deshalb nicht mehr als eine erste Orientierung finden. — Eher wohl an den Studenten der Philologie, der Germanistik zumal, der sich heute in der Regel kaum mehr eingehender mit der altnordischen Literatur befaßt, die ihm sprachlich genau so nahesteht wie die (obligaten) gotischen Texte, literarisch dagegen unvergleichlich mehr zu bieten hat: ihm wird HALLBERGS Arbeit einen instruktiven Abriß an die Hand geben. — In besonderem Maße aber ist an den Gymnasiallehrer gedacht; die Lesebücher der Oberstufe beziehen in ihre Anthologie in mehr oder minder ausführlicher Weise die altnordische Literatur mit ein, und gerade die Saga kommt zumeist mit einigen Abschnitten zu Wort. So erfreulich das an sich ist, — in der Praxis unterbleibt häufig genug die Behandlung dieser — scheinbar — fernliegenden Meisterwerke, und der Grund dafür liegt wohl nur zu einem Teil in der relativ beschränkten Zeit, die einem literaturgeschichtlichen Überblick überhaupt zur Verfügung steht. Hier könnte dieses Büchlein einem spürbaren Mangel an leicht zugänglicher Informationsmöglichkeit abhelfen, um so eher, als Hallberg selbst kleine Fingerzeige für eine Aktualisierung dieser literarischen Schöpfungen gibt. — Endlich aber möchte diese Einführung dem Leser eine Orientierung bieten, der ohne fachliche Ambitionen diesen Bereich aufsucht und die eine und andere Saga in der leicht greifbaren Übersetzung der Sammlung Thule mit dem legitimsten und zugleich ursprünglichsten Interesse in die Hand nimmt und nicht weniger darin sucht als *sagnaskemtan*, die Unterhaltung durch Geschichten.

Diesen Interessentenkreis also faßt die deutsche Ausgabe ins Auge, und auf ihn stellt sie sich auch mit ihren Literaturhinweisen ein. Die umfänglicheren Angaben, die Hallberg in seine Anmerkungen aufgenommen hat, sind reduziert, vor allem um Arbeiten in skandinavischen Sprachen: derjenige, dem mit diesen Verweisen gedient wäre, ist auf die deutsche Fassung dieses Büchleins nicht angewiesen.

Die Zitate aus den Sagas sind grundsätzlich in Anlehnung an Hallbergs Übertragung gegeben; Übersetzung ist stets zugleich auch Interpretation, und es kann nicht zweifelhaft erscheinen, daß im Rahmen dieser Darstellung allein Hallbergs Interpretation von Interesse ist.

Literaturhinweise und Anmerkungen

Namensformen. Die isländischen Personennamen sind in dieser Arbeit in ihrer isländischen Form zitiert, also beispielsweise *Egill, Einarr, Gunnarr, Hallgerðr, Njáll, Vésteinn.* Da das auslautende *l* (bzw. *n* oder *r*) in solchen Fällen eine Nominativendung darstellt, lag es nahe, es — wie im Isländischen — auch in einer deutschen Darstellung in den Genitivformen wegfallen zu lassen und deshalb zu schreiben: *Egils, Einars, Gunnars, Hallgerðs, Njáls, Vésteins.*

Es ist zu beachten, daß die isländischen Konsonanten *þ* und *ð* (z. B. in *Bergþóra* und *Auðr)* etwa wie englisches *th* in *thing,* bzw. *that* ausgesprochen werden.

Sagaausgaben. Die einzelnen isländischen Sagas liegen im Originaltext in zahlreichen Ausgaben vor. Von den bekannten Sammlungen sollen hier die folgenden genannt sein: *Altnordische Sagabibliothek,* Bd. 1—18, Halle 1892 bis 1929. — *Íslenzk fornrit,* Reykjavik 1933 —. Diese beiden Textsammlungen bieten ausgezeichnete Einleitungen und Kommentare, die erstere auf deutsch, die letztere auf isländisch. Außerdem *Íslendinga sögur,* Bd. 1—12, Reykjavik 1946—47; hier ist vor allem auf den Schlußband *Nafnaskrá* (Namenverzeichnis), 1949, hinzuweisen, der die ersten und bisher einzigen vollständigen Register über Personennamen, Ortsnamen usw. der Sagas enthält. Als weitere Reihe ist zu nennen die Studienausgabe der *Altnordischen Textbibliothek,* Neue Folge, Halle 1952 —. Auch in dieser Sammlung ist dem jeweiligen Text eine ausführliche Einleitung auf deutsch vorangestellt.

Sagaübersetzungen. Von den isländischen Sagas gibt es zahlreiche neusprachliche Übersetzungen. Die deutschen Leser seien auf die Übertragungen in der *Sammlung Thule,* hrsg. Felix Niedner und Gustav Neckel, Bd. 1—24 (1912 bis 1934), verwiesen, die seit 1963 in einer neuen Auflage erscheint. — Eine knappe Anthologie bietet der Band *Die schönsten Geschichten aus Thule,* hrsg. H. M. Heinrichs (1961).

LITERATUR ZUR SAGA. Überblick über die altnordische Literatur insgesamt: J. DE VRIES, *Altnordische Literaturgeschichte,* Bd. 1—2, 1941/42 (2. Aufl. Bd. 1, 1964). Kürzere Darstellungen: G. NECKEL, *Die altnordische Literatur,* 1923. A. HEUSLER, *Altgermanische Dichtung,*[2] 1941. G. TURVILLE-PETRE, *Origins of Icelandic Literature,* 1953. — Speziell zur Saga: A. BUGGE, *Den islandske sagas oprindelse og troværdighed.* Dt: *Entstehung und Glaubwürdigkeit der isländischen Saga,* ZfdA 51 (1909), S. 23 ff. K. LIESTØL, *Upphavet til den islendske ættesaga,* 1929. Engl: *The Origin of the Icelandic Family Sagas,* 1930. W. BAETKE, *Über die Entstehung der Isländersagas,* 1956. W. P. KER, *The Icelandic Sagas,* in: *Epic and Romance,* 1926. B. PHILLPOTTS, *Edda and Saga,* 1931. Wichtige methodische Fragen bei der Beschäftigung mit isländischen Sagahandschriften erörtert an zahlreichen Beispielen E. Ó. SVEINSSONS Schrift *Dating the Icelandic Sagas. An Essay in Method,* London 1958. Weitere Beiträge zu einzelnen Sagas oder speziellen Fragestellungen werden in den Anmerkungen genannt.

Einen Überblick über Probleme und Resultate in der modernen Sagaforschung gibt P. HALLBERG in seinem Aufsatz *Nyare studier i den isländska sagan,* Edda 53 (1953), S. 219—247. Eine reichhaltige Bibliographie zu den verschiedenen Gattungen der isländischen Sagaliteratur findet sich in P. SCHACHS Einleitung zu seiner englischen Übersetzung des vorliegenden Bändchens: *The Icelandic Saga,* Lincoln 1962.

Seite

24 Ein isländischer Forscher: der Reichsarchivar B. GUDMUNDSSON, der seit 1939 in einer Reihe von Beiträgen in isländischer Sprache seine Hypothese entwickelt hat. Sie wird jedoch von E. Ó. SVEINSSON in seiner Einleitung zur *Njáls saga* (in *Íslenzk fornrit,* 1955) abgelehnt.

30 ff. Zu diesem ganzen Kapitel sei verwiesen auf E. Ó. SVEINSSONS Arbeit *Sturlungaöld* (Sturlungazeit), Reykjavik 1940. Engl: *The Age of the Sturlungs,* New York 1953.

37 Jón Loftssons Rede zitiert nach *Byskupa sögur,* Bd. 1, Reykjavik 1953, S. 137; 150f.

38 Ein isländischer Forscher: E. Ó. SVEINSSON, *The Age of the Sturlungs,* S. 70f.

42 ff. Zu den Anfängen der volkssprachlichen Literatur auf Island vgl. die Darstellung bei TURVILLE-PETRE, *Origins of Icelandic Literature.* Eine ausführliche Darstellung der christlichen Literatur dieses Zeitraums bei W. LANGE, *Studien zur christlichen Dichtung der Nordgermanen,* 1958.

47 ff. Die wichtigste Arbeit über Snorri ist S. NORDALS Darstellung *Snorri Sturluson,* Reykjavik 1920.

49 NORDAL über Snorri als Verfasser der *Egils saga* vor allem in der Einleitung zu seiner Ausgabe der Saga in *Íslenzk fornrit,* Bd. 2, Reykjavik 1933. Er widerlegt dort die Hauptthese von P. WIESELGRENS Abhandlung *Författarskapet till Eigla,* 1927. Dieser hatte gemeint, vor allem mit sprachstatistischen Argumenten nachweisen zu können, daß Snorri als Autor der *Egla* nicht in Betracht komme. Jüngere sprachstatistische Untersuchungen haben zu anderen Ergebnissen als WIESELGRENS geführt und dürften somit eine entscheidende Stütze für die „Snorri-Hypothese“ darstellen: M. C. VAN DEN TOORN, *Zur Verfasserfrage der Egilssaga Skallagrímssonar,* Köln-Graz 1959; P. HALLBERG, *Snorri Sturluson och Egils saga Skallagrímssonar. Ett försök till språklig författarbestämning,* Reykjavik 1962.

56 ff. Dazu S. NORDALS Aufsatz *Time and Vellum,* in: Annual Bulletin of the Modern Humanities Research Association 24 (1952), S. 15ff. Einen Überblick über die gesamte Überlieferungslage altnordischer Denkmäler vermittelt S. SONDEREGGERS Darstellung *Altnordische Literatur* in: *Geschichte der Textüberlieferung,* Bd. 2, 1964, S. 730ff.

59 Die Auseinandersetzung über die *Gunnlaugs saga ormstungu:* B. M. ÓLSEN, Det Kgl. Danske Videnskabernes Selskabs Skrifter 1911; F. JÓNSSON in der Einleitung zu seiner Ausgabe der Saga, Kopenhagen 1916.

60 Ein dänischer Literaturwissenschaftler: P. RUBOW, *De islandske Sagaer,* in: *Smaa kritiske Breve,* Kopenhagen 1936. Engl: *The Sagas,* in: *Two Essays,* 1949.

63 Die Anekdote von dem Isländer und Harald dem Harten ist in der bekannten Handschrift *Morkinskinna* enthalten. Sie ist abgedruckt u. a. in *Íslendinga sögur,* Bd. 12, Reykjavik 1947, S. 175 f.

68 KINCK, *Sturlunga i Storhetstid,* Kristiana 1922, S. 4.

81 Über historische Überlieferung in den Isländersagas vgl. u. a. S. NORDAL *The Historical Element in the Icelandic Sagas* (The W. P. KER Memorial Lectures, vol. 15), 1957.

81 Die Untersuchungen an Handschriften der *Fóstbrœðra saga* wurden von SVEN B. F. JANSSON in seiner Arbeit *Sagorna om Vinland. I. Handskrifterna till Erik den rödes saga,* 1944, angestellt, die im ganzen einen wichtigen Beitrag zur Erforschung der Geschichte der Sagaschreibung darstellt.

82 ff. Zu diesem gesamten Abschnitt darf auf Spezialuntersuchungen verwiesen werden, u. a. auf: R. HEINZEL, *Beschreibung der isländischen Saga,* Wien 1880; A. GOEDECKE, *Die Darstellung der Gemütsbewegungen in der isländischen Familiensaga,* Hamburg 1933; H. J. GRAF, *Untersuchungen zur Gebärde in der Íslendingasaga,* Lengerich i. W. 1939; MARGARET JEFFREY, *The Discourse in Seven Icelandic Sagas,* Menasha, Wisconsin 1934; W. LUDWIG, *Untersuchungen über den Entwicklungsgang und die Funktion des Dialogs in der isländischen Saga,* Gräfenhainichen 1934. — Feine Beobachtungen zum Stil und zur Menschendarstellung findet man in W. P. KERS oben genannter Arbeit, sowie natürlich auch in zahlreichen Monographien zu einzelnen Sagas, etwa NORDALS kleiner Schrift über die *Hrafnkels saga* oder SVEINSSONS Büchern über die *Njála.*

82 Heusler, *Germanentum*, 1934, S. 136 f.

92 Den Vergleich zwischen Sagastil und modernem Roman hat Sveinn Bergsveinsson in einem Aufsatz *Sagaen og den haardkogte Roman* in der Zeitschrift Edda 1942, S. 56 ff., angestellt.

94 ff. Zu diesem Abschnitt vgl. u. a. Margarete Haeckel, *Die Darstellung und Funktion des Traumes in der isländischen Familiensaga*, Hamburg 1934, und Georgia Dunham Kelchner, *Dreams in Old Norse Literature and Their Affinities in Folklore*, Cambridge 1935.

102 A. U. Bååth in seinen *Studier öfver kompositionen i några isländska ättsagor*, 1885.

102 ff. Zum Schicksalsglauben vgl. u. a. W. Wirth, *Der Schicksalsglaube in den Isländersagas. Eine religionsgeschichtliche Untersuchung über Wesen und Bedeutung der altgermanischen Vorstellungen von Schicksal und Glück*, Stuttgart-Berlin 1940.

115 ff. Vgl. u. a. W. Gehl, *Ruhm und Ehre bei den Nordgermanen. Studien zum Lebensgefühl der isländischen Saga*, Berlin 1937.

131 Die Strophe, von der hier die erste Hälfte zitiert worden ist, steht in der *Sturlunga saga*.

149 Über Snorri als Verfasser der *Egils saga* vgl. oben die Anmerkung zu S. 49.

156 Über Ólafr Þórðarson als vermutlichen Verfasser der *Laxdœla* hat P. Hallberg in einer eigenen Untersuchung gehandelt: *Ólafr Þórðarson hvítaskáld, Knýtlinga saga och Laxdœla saga. Ett försök till språklig författarbestämning*, Reykjavik 1963 (Studia Islandica 22).

171 Laxness über die „isländischen Greise" in einem Brief vom 17. April 1923. Das abschließende Zitat aus der Essaysammlung *Sjálfsagðir hlutir*, Reykjavik 1946, S. 9.

Register

1. Namen und Denkmäler

2. Sachbezeichnungen